目 录

温暖的友情	童 谣	杨孜奕改编 1
一起去探险吧	童 谣	杨孜奕改编 3
小雨点	童 谣	杨孜奕改编 6
小夜曲	童 谣	杨孜奕改编 9
小太阳乐队	童 谣	杨孜奕改编 12
节日派对	童 谣	杨孜奕改编 16
温暖地拥抱	童 谣	杨孜奕改编 20
一起跳舞吧	童 谣	杨孜奕改编 23
三只兔子	童 谣	杨孜奕改编 26
奶奶、爸爸和我	童 谣	杨孜奕改编 30
玛丽有只小羔羊	童 谣	杨孜奕改编 33
鱼的对话	童 谣	杨孜奕改编 35
告 别	童 谣	杨孜奕改编 37
探 戈	童 谣	杨孜奕改编 39
圆舞曲	童 谣	杨孜奕改编 42
马戏团	童 谣	杨孜奕改编 45

插画1

童谣绘本

俞湘君 编著

杨孜奕 改编　赖萨吉 插画

温暖的友情

(教师用谱)

童谣
杨孜奕改编

(学生用谱)

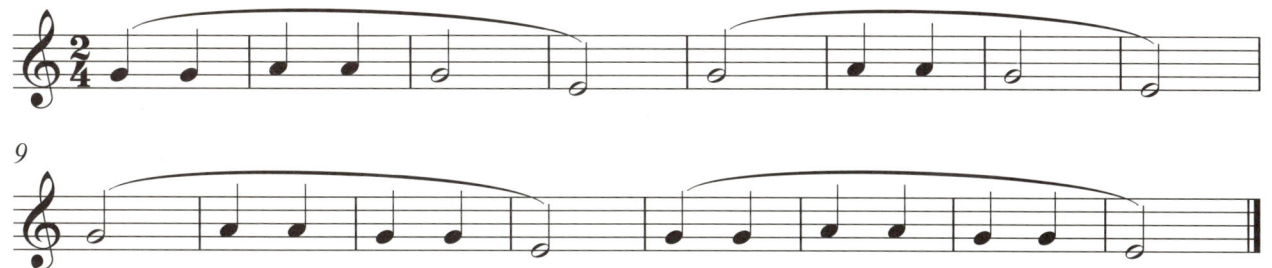

A. 感知颜色

爸爸妈妈可以引导孩子感知插画的主要颜色（可从视觉、味觉、触觉、嗅觉等方面去引导）。

你看看插画中有哪些颜色？看到这些颜色你想到了什么？它带给你怎样的感觉

如：黄色可以联想到阳光，它很温暖，充满爱的感觉；也可以联想到柠檬，其味道有点酸。

B. 看图说故事

爸爸妈妈可以引导孩子观察插画中不同角色的动作、神态等细节，让孩子用语言描述它们之间可能发生的故事。

如：大老虎受伤了，伤口疼痛，心情低落；小鸟心生怜爱之情，送花抚慰好朋友大老虎。

C. 聆听音乐语言

爸爸妈妈和孩子注意观看绘本配套的音乐导赏视频，注意视频中俞湘君老师的音乐演奏以及对色彩、音色等方面的联觉引导。

插画 2

一起去探险吧

(教师用谱)

童谣
杨孜奕改编

(学生用谱)

A. 感知颜色

爸爸妈妈可以引导孩子感知插画的主要颜色（可从视觉、触觉、嗅觉等方面去引导）。

你看看插画中有哪些颜色？看到这些颜色你想到了什么？它带给你怎样的感觉？

如：红色可以联想到火焰，它很热情，体感温度高；也可将红色与探险的兴奋感联系在一起。

B. 看图说故事

爸爸妈妈可以引导孩子观察插画中不同角色的动作、神态等细节，让孩子用语言描述它们之间可能发生的故事。

如：小朋友抱着恐龙一起去探险，好奇且兴奋，小鸟热情地带路。

C. 聆听音乐语言

爸爸妈妈和孩子注意观看绘本配套的音乐导赏视频，注意视频中俞湘君老师的音乐演奏以及对色彩、音色等方面的联觉引导。

插画3

小 雨 点

(教师用谱)

童 谣
杨孜奕 改编

（学生用谱）

A. 感知颜色

爸爸妈妈可以引导孩子感知插画的主要颜色（可从视觉、触觉、听觉等方面去引导）。

你看看插画中有哪些颜色？看到这些颜色你想到了什么？它带给你怎样的感觉？

如：蓝色可以令人想到水滴，触感清凉；下雨的声音像打在屋檐上的滴答声。

B. 看图说故事

爸爸妈妈可以引导孩子观察插画中不同角色的动作、神态等细节，让孩子用语言描述它们之间可能发生的故事。

如：从腿部细节想象图片中的人物——小朋友与小鸟，一起倾听并欣赏雨声。

C. 聆听音乐语言

爸爸妈妈和孩子注意观看绘本配套的音乐导赏视频，注意视频中俞湘君老师的音乐演奏以及对色彩、音色等方面的联觉引导。

插画4

小 夜 曲

(教师用谱)

童　谣
杨孜奕改编

(学生用谱)

A. 感知颜色

爸爸妈妈可以引导孩子感知插画的主要颜色（可从视觉、嗅觉、触觉、听觉等方面去引导）。

你看看插画中有哪些颜色？看到这些颜色你想到了什么？它带给你怎样的感觉？

如：深蓝色可以联想到静谧的夜色，夜空幽远安宁；黄色的月光像黑暗中的烛光，照亮我们的心灵；绽放的花朵充满芬芳。

B. 看图说故事

爸爸妈妈可以引导孩子观察插画中不同角色的动作、神态等细节，让孩子用语言描述它们之间可能发生的故事。

如：在柔和的月光下，小男孩惬意地享受夜色的宁静，小鸟的歌声和鲜花的芬芳。

C. 聆听音乐语言

爸爸妈妈和孩子注意观看绘本配套的音乐导赏视频，注意视频中俞湘君老师的音乐演奏以及对色彩、音色等方面的联觉引导。

插画 5

（学生用谱）

A. 感知颜色

爸爸妈妈可以引导孩子感知插画的主要颜色（可从触觉、嗅觉、听觉等方面去引导）。

你看看插画中有哪些颜色？看到这些颜色你想到了什么？它带给你怎样的感觉？如：橙色可以联想到橘子，清新而有活力。

B. 看图说故事

爸爸妈妈可以引导孩子观察插画中不同角色的动作、神态等细节，让孩子用语言描述它们之间可能发生的故事。

如：不同人物手中拿着不同的乐器，这些乐器都会发出怎样的声音呢？好朋友们在欢快充满活力的气氛中一起玩音乐是件多么令人幸福的事情啊！

C. 聆听音乐语言

爸爸妈妈和孩子注意观看绘本配套的音乐导赏视频，注意视频中俞湘君老师的音乐演奏以及对色彩、音色等方面的联觉引导。

插画6

（学生用谱）

A. 感知颜色

爸爸妈妈可以引导孩子感知插画的主要颜色（可从视觉、触觉、嗅觉、听觉等方面去引导）。

你看看插画中有哪些颜色？看到这些颜色你想到了什么？它带给你怎样的感觉？

如：被五颜六色烟花浸染的夜色绚丽夺目，烟花绽放的声音令人怦然心动，五彩缤纷的气球就像夜空中正在跳舞的音符。

B. 看图说故事

爸爸妈妈可以引导孩子们观察插画中不同角色的动作、神态等细节，让孩子用语言描述它们之间可能发生的故事。

如：好朋友们相聚在一起参加节日派对感到兴奋快乐，天空中绽放的绚丽烟花使他们狂欢的气氛更为热烈。

C. 聆听音乐语言

爸爸妈妈和孩子注意观看绘本配套的音乐导赏视频，注意视频中俞湘君老师的音乐演奏以及对色彩、音色等方面的联觉引导。

插画 7

温暖地拥抱

(教师用谱)

童　谣
杨孜奕改编

（学生用谱）

A. 感知颜色

爸爸妈妈可以引导孩子感知插画的主要颜色（可从视觉、触觉、嗅觉、听觉等方面去引导）。

你看看插画中有哪些颜色？看到这些颜色你想到了什么？它带给你怎样的感觉？

如：紫色充满爱，黄色的小灯笼散发着温暖的光芒，水仙花的香气沁人心脾，小鸟和小狗在一旁欢快地歌唱。

B. 看图说故事

爸爸妈妈可以引导孩子观察插画中不同角色的动作、神态等细节，让孩子用语言描述它们之间可能发生的故事。

如：水仙花的花语为团圆，小天使与他的好朋友相聚一堂，他们在温暖的拥抱中倾诉彼此的思念之情。

C. 聆听音乐语言

爸爸妈妈和孩子注意观看绘本配套的音乐导赏视频，注意视频中俞湘君老师的音乐演奏以及对色彩、音色等方面的联觉引导。

插画 8

一起跳舞吧

（教师用谱）

童谣
杨孜奕改编

（学生用谱）

A. 感知颜色

爸爸妈妈可以引导孩子感知插画的主要颜色（可从视觉、触觉、嗅觉、听觉等方面去引导）。

你看看插画中有哪些颜色？看到这些颜色你想到了什么？它带给你怎样的感觉？

如：五彩缤纷的背景色映射出孩子们愉悦的心情。夏夜凉风习习，天空下起了粉色的花瓣雨，柔软的花瓣悄无声息地落在了孩子们的身边。

B. 看图说故事

爸爸妈妈可以引导孩子观察插画中不同角色的动作、神态等细节，让孩子用语言描述它们之间可能发生的故事。

如：美丽的夏夜，小伙伴们在欢快的音乐声中手拉手跳起了舞，一旁的大树随着动人的音乐忍不住也跳起了舞，天空下起了芬芳的花瓣雨。

C. 聆听音乐语言

爸爸妈妈和孩子注意观看绘本配套的音乐导赏视频，注意视频中俞湘君老师的音乐演奏以及对色彩、音色等方面的联觉引导。

插画 9

三只兔子

(教师用谱)

童谣
杨孜奕改编

（学生用谱）

A. 感知颜色

爸爸妈妈可以引导孩子感知插画的主要颜色（可从视觉、触觉、嗅觉等方面去引导）。

你看看插画中有哪些颜色？看到这些颜色你想到了什么？它带给你怎样的感觉？

如：绿色清新自然，让人感受到了植物的生机；美丽的风铃花香气袭人。

B. 看图说故事

爸爸妈妈可以引导孩子观察插画中不同角色的动作、神态等细节，让孩子用语言描述它们之间可能发生的故事。

如：某个夏日的早晨，三只兔子骑车去郊游，坐在最前面的兔子认真且努力地骑车；坐在中间的兔子满头大汗，疲惫不堪；坐在车尾的兔子却悠闲惬意地聆听森林里鸟儿的歌声。

C. 聆听音乐语言

爸爸妈妈和孩子注意观看绘本配套的音乐导赏视频，注意视频中俞湘君老师的音乐演奏以及对色彩、音色等方面的联觉引导。

插画 10

奶奶、爸爸和我

(教师用谱)

童 谣
杨孜奕改编

（学生用谱）

A. 感知颜色

爸爸妈妈可以引导孩子感知插画的主要颜色（可从视觉、触觉、嗅觉等方面去引导）。

你看看画中有哪些颜色？看到这些颜色你想到了什么？它带给你怎样的感觉？

如：天蓝色让人感受到了朝气，棉花糖般的白色云朵触到了人们心底的柔软，人物的衣服颜色充满了活力。

B. 看图说故事

爸爸妈妈可以引导孩子观察插画中不同角色的动作、神态等细节，让孩子用语言描述它们之间可能发生的故事。

如：晴朗的早晨，奶奶、爸爸和小朋友一起在音乐声中做早操，动作整齐划一。

C. 聆听音乐语言

爸爸妈妈和孩子注意观看绘本配套的音乐导赏视频，注意视频中俞湘君老师的音乐演奏以及对色彩、音色等方面的联觉引导。

A. 感知颜色

爸爸妈妈可以引导孩子感知插画的主要颜色（可从视觉、触觉、嗅觉等方面去引导）。

你看看画中有哪些颜色？看到这些颜色你想到了什么？它带给你怎样的感觉？

如：湛蓝的天空万里无云；碧绿的草坪、鲜艳的花朵充满芳香；身穿明黄色衣物的玛丽令人感到温暖；小羊身上的羊毛蓬松柔软。

B. 看图说故事

爸爸妈妈可以引导孩子观察插画中不同角色的动作、神态等细节，让孩子用语言描述它们之间可能发生的故事。

如：在生机盎然的春天里，富有爱心的玛丽带着她的羊群在山坡上游玩。有的小羊在闻花香，有的小羊在津津有味地吃草，有的小羊在远处打滚，还有一只小羊舒适地坐在玛丽怀中。

C. 聆听音乐语言

爸爸妈妈和孩子注意观看绘本配套的音乐导赏视频，注意视频中俞湘君老师的音乐演奏以及对色彩、音色等方面的联觉引导。

插画 12

鱼 的 对 话

(教师用谱)

童　谣
杨孜奕改编

(学生用谱)

A. 感知颜色

爸爸妈妈可以引导孩子感知插画的主要颜色（可从视觉、触觉、听觉等方面去引导）。

你看看画中有哪些颜色？看到这些颜色你想到了什么？它带给你怎样的感觉？

如：背景色令人感到丝丝凉意，鱼的吐泡泡声像在说话，冰块让人感受到了冬天被冻僵的感觉。

B. 看图说故事

爸爸妈妈可以引导孩子观察插画中不同角色的动作、神态等细节，让孩子用语言描述它们之间可能发生的故事。

如：一条在水中的鱼想要和对面冰块中的鱼说话，对面的鱼在冰块中无法应答。以此来表达流动的音乐声与无声休止符之间的状态对比。

C. 聆听音乐语言

爸爸妈妈和孩子注意观看绘本配套的音乐导赏视频，注意视频中俞湘君老师的音乐演奏以及对色彩、音色等方面的联觉引导。

插画 13

告 别

(教师用谱)

童 谣
杨孜奕改编

A. 感知颜色

爸爸妈妈可以引导孩子感知插画的主要颜色（可从视觉、触觉、听觉等方面去引导）。

你看看画中有哪些颜色？看到这些颜色你想到了什么？它带给你怎样的感觉？

如：浅紫色充满了淡淡的忧伤，图片背景的色调让人感到黯然，柳树的枝条在微风的吹动下轻轻飘扬。

B. 看图说故事

爸爸妈妈可以引导孩子观察插画中不同角色的动作、神态等细节，让孩子用语言描述它们之间可能发生的故事。

如：小朋友拿着一朵鲜花挥动着手帕与他的好朋友天鹅告别，天鹅一边远去一边依依不舍地回首，小朋友此时可能潸然泪下，飘动的柳叶仿佛在诉说着无尽的思念。

C. 聆听音乐语言

爸爸妈妈和孩子注意观看绘本配套的音乐导赏视频，注意视频中俞湘君老师的音乐演奏以及对色彩、音色等方面的联觉引导。

插画 14

A. 感知颜色

爸爸妈妈可以引导孩子感知插画的主要颜色(可从视觉、触觉、听觉等方面去引导)。

你看看画中有哪些颜色？看到这些颜色你想到了什么？它带给你怎样的感觉？

如：红色象征着火焰般的热情，橙色让人感受到了舞蹈的活力，女舞者美丽飘扬的披肩让人联想到舞动的裙摆。

B. 看图说故事

爸爸妈妈可以引导孩子观察插画中不同角色的动作、神态等细节，让孩子用语言描述它们之间可能发生的故事。

如：探戈舞起源于阿根廷，这种舞蹈热情洒脱。

C. 聆听音乐语言

爸爸妈妈和孩子注意观看绘本配套的音乐导赏视频，注意视频中俞湘君老师的音乐演奏以及关于色彩、音色等方面的联觉引导。此外，还可根据绘本配套视频中的具有探戈特点的音乐律动感受舞步等。

插画 15

圆 舞 曲

(教师用谱)

童 谣
杨孜奕改编

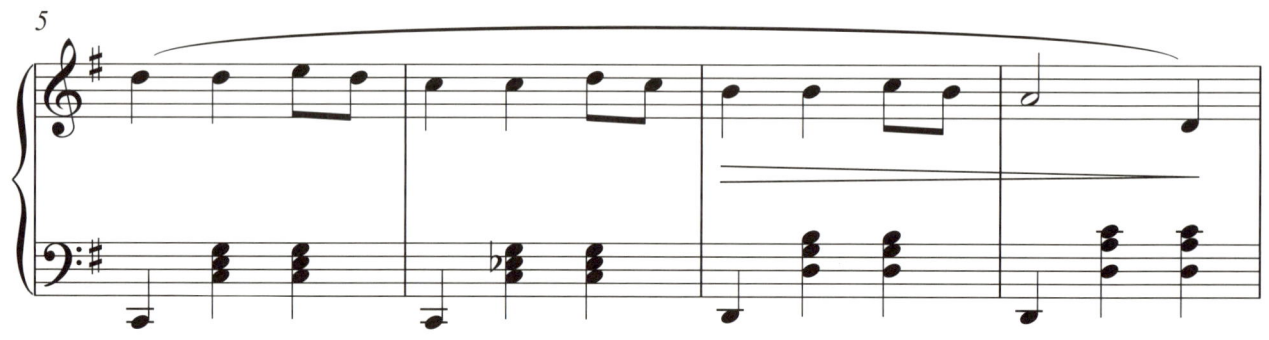

（学生用谱）

A. 感知颜色

爸爸妈妈可以引导孩子感知插画的主要颜色（可从视觉、触觉等方面去引导）。

你看看画中有哪些颜色？看到这些颜色你想到了什么？它带给你怎样的感觉？

如：金黄色的灯具让人感到辉煌，宫殿背景纺织物装饰花纹非常华丽，舞者们的着装色彩明艳。

B. 看图说故事

爸爸妈妈可以引导孩子观察插画中不同角色的动作、神态等细节，让孩子用语言描述它们之间可能发生的故事。

如：圆舞曲有时也被音译为"华尔兹"，这种舞蹈起源于奥地利，舞蹈动作优雅华丽。

C. 聆听音乐语言

爸爸妈妈和孩子注意观看绘本配套的音乐导赏视频，注意视频中俞湘君老师的音乐演奏以及关于色彩、音色等方面的联觉引导。此外，爸爸妈妈和孩子可根据绘本配套视频中具有圆舞曲特点的三拍音乐律动想象置身于华丽宫殿中翩翩起舞的场景等。

插画 16

A. 感知颜色

爸爸妈妈可以引导孩子感知插画的主要颜色（可从视觉、触觉等方面去引导）。

你看看画中有哪些颜色呢？看到这些颜色你想到了什么？它带给你怎样的感觉？

如：五光十色的马戏团舞台带来了热烈的气氛，色彩缤纷的装饰品有种节日的氛围。

B. 看图说故事

爸爸妈妈可以引导孩子观察插画中不同角色的动作、神态等细节，让孩子用语言描述它们之间可能发生的故事。

如：马戏团的表演氛围十分热闹，在小朋友们热情的掌声下每位成员都表演了精彩的节目。小丑在滑稽地表演，大力士在努力地举杠铃，小朋友在钢丝上小心翼翼地骑独轮。

C. 聆听音乐语言

爸爸妈妈和孩子注意观看绘本配套的音乐导赏视频，注意视频中俞湘君老师的音乐演奏以及关于色彩、音色等方面的联觉引导。

图书在版编目(CIP)数据

我的音乐启蒙之旅 / 俞湘君编著；杨孜奕改编；
赖萨吉插画. — 上海：上海教育出版社，2021.6
ISBN 978-7-5720-0777-4

Ⅰ. ①我… Ⅱ. ①俞… ②杨… ③赖… Ⅲ. ①音乐课
－学前教育－教学参考资料 Ⅳ. ①G613.5

中国版本图书馆CIP数据核字(2021)第080972号

责任编辑　于　喜　章若琪
特邀编辑　李子烨
封面设计　郑　艺

我的音乐启蒙之旅

俞湘君　编著
杨孜奕　改编
赖萨吉　插画

出版发行	上海教育出版社有限公司
官　　网	www.seph.com.cn
地　　址	上海市闵行区号景路159弄C座
邮　　编	201101
印　　刷	上海颛辉印刷厂有限公司
开　　本	890×1240　1/16　印张 12.75
版　　次	2021年11月第1版
印　　次	2021年11月第1次印刷
书　　号	ISBN 978-7-5720-0777-4/G·0594
定　　价	98.00元

如发现质量问题，请向本社调换　电话 021-64373213

教学指导手册

俞湘君 编著

杨孜奕 改编　赖萨吉 插画

序

欣闻俞湘君老师主编的教材《我的音乐启蒙之旅》即将出版，我十分高兴。我与俞老师结缘于九年前的上海市教委培训项目，她对音乐艺术、音乐教育事业的热爱与执着给我留下了深刻的印象。多年来，俞老师不仅培养了很多在国内、国际获奖的学生，还热衷于科研。与此同时，她也是一名活跃于国内外舞台的艺术家。

首先，这套教材是一份送给我国学龄前儿童的音乐启蒙礼物。儿童在学习乐器前需要积累对古典音乐的喜爱与理解，而音乐启蒙能为他们开启一扇通往器乐学习道路的绚丽之门。这套教材既能作为音乐教师的日常教学参考，又能为千万家庭建立古典音乐美育的亲子平台。它提升了音乐美育的内涵，具备趣味性、知识性与实践性的特点，具有创新的教学理念及教学方法，从音乐专业的视角对我国学前领域的音乐教学内容进行了补充。

其次，这套教材拥有丰厚的理论实践基础。俞湘君老师在编写这套教材的过程中，进行了大量的教学实践和研究。2014年，俞湘君老师建立了上海音乐学院音乐研究所的"德国现代钢琴教学的分析与研究"项目，并将德国学龄前儿童的音乐基础教学纳入研究重点。此后，她结合中国音乐教学的特点，将研究成果汇编成了教案。在2015年至2016年期间，俞湘君老师依次寻找了5名儿童作为教学实验对象，他们的年龄包括4岁、5岁和6岁。通过近7个月的实验，5名儿童在学习了此课程后均达到了课程预设的目标，他们熟悉古典音乐语汇并表现出了对古典音乐的喜爱。从2017年至今，俞湘君老师分别培养了三批从事儿童音乐启蒙教学的教师，教学实验基地遍布优质幼儿园及音乐艺校，她在日常实验教学中通过观察、记录及测试，对教材中的教案分别进行了四次完整的修订。丰富的实践经历证明了《我的音乐启蒙之旅》这套教材理论的科学性。

感谢俞湘君老师的辛勤付出，祝愿她编写的《我的音乐启蒙之旅》能使更多的中国学龄前儿童受益，感受到古典音乐之美。

宋彩虹
2021年4月15日

前　言

器乐学习之路漫长而艰辛,它需要琴童以极大的毅力去坚持,其中的原因有三:一、孩子须每天定时勤奋练习,否则技艺退步很快;二、器乐学习需要较强的脑力和体力,孩子在练习过程中保持专注才有成效,否则达不到效果;三、器乐学习之路困难重重,有时付出和得到不成正比,容易使孩子产生挫折感。很多家长希望孩子学习器乐的目的是培养艺术情操和艺术品位,但要真正达到这一目标很难,因为需要孩子几年如一日的勤奋练习,家长风雨无阻的执着陪伴,以及专业教师的精心培养。

如此困难的器乐学习怎么让孩子有兴趣坚持下去呢?答案是热爱音乐。只有听懂音乐、理解音乐的内容才能做到真正热爱音乐。否则器乐练习就是一项手部运动,他根本不会享受演奏过程,用手来表达心中的情感,以及心中流淌的音乐。

其实,孩子与生俱来的节奏感,会自然使其对音乐产生亲近感。但随着年龄的增长,如果不循循善诱,这种亲近感就会淡化甚至消失。如果在这种情况下就开始困难重重的器乐学习,孩子将感到音乐是枯燥的,产生反感情绪,进而无法坚持练习。

4-6岁是音乐启蒙的黄金期。本套教材将针对学龄前儿童罗列24课时的教学重点,其意义在于从音乐启蒙教育角度为教师开拓一个不同的教学视野,以帮助学龄前儿童在开始器乐学习前先爱上音乐,激发他们对音乐产生真正的兴趣。笔者用图示表示如下:

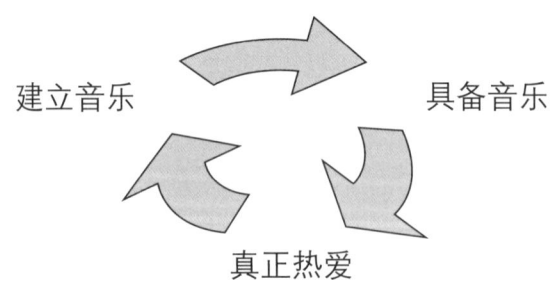

只有具备一定的音乐能力,才能深化对音乐的理解。我们将音乐能力分为五个部分:音乐听觉、节奏认知、音乐感觉、音乐想象、音乐赏析。通过对这五种能力的培养,孩子从听到音乐开始会产生一系列反应:耳朵倾听音乐的旋律—感受音乐的节奏和速度—判断音乐的色彩与风格—产生音乐想象—自身情感与音乐产生共鸣—沉浸在音乐之中。只有经历这样的过程,才称得上"能听懂音乐"。

只有这样的启蒙教学才可以将音乐逐渐渗透到孩子的心灵中,融入他们的生活,变成不可缺少的一部分。它是通向音乐学习的桥梁,可以降低器乐学习初期的难度,使孩子的学习进度得以加快。它能使孩子体会到音乐的美好,让他们的音乐学习之路变得苦中有甜。

俞湘君
2021年4月8日

编 写 说 明

本套教材以国家教育部颁发的《幼儿园教育指导纲要》和《3-6岁儿童学习与发展指南》为指导原则,结合我国及德国优秀的音乐专业教学理念,吸收并借鉴了达尔克罗兹的音乐教育思想,以体态律动、音乐感知与认知、音乐听觉与记忆、基本乐理知识、艺术想象、音乐人文素养作为主要培养方面,旨在为广大学前儿童播下音乐审美的种子。

本套教材是幼儿园美育教学的支持与补充。为了帮助教师、家长更好地理解本教材,便于广大教师与家庭的实践与使用,笔者先就其中所涉及的教师、亲子与幼儿三个部分的材料进行说明。

一、教师部分

教师使用的材料包括《教学指导手册》《童谣绘本》及《亲子家庭作业》。

(一)《教学指导手册》的使用

《教学指导手册》为教师提供了两学期总共 24 课的教案。这些教案共分为两个阶段,前 12 课为第一阶段,后 12 课是第二阶段,即第一阶段的拓展。不同于传统的音乐启蒙教学,这 24 课的教学目标融入了音乐美育的教学思想,注重培养学生的综合音乐能力,具有很好的参考和借鉴价值。

这些教案在设计上都采用了做游戏、说故事等有趣的方式,深入浅出地将古典音乐的语言表达方式渗透到学生的心中,激发他们对音乐学习的兴趣,协助他们快乐、平稳地度过器乐学习的初期。教案的内容环环相扣,也可拆分独立使用。教师在深刻理解教案的内涵后,可以根据课堂或学生的实际情况对教案的内容进行灵活调整。

(二)《童谣绘本》的使用

《童谣绘本》为教师提供了 16 幅与《教学指导手册》教案相关的插画及音乐导赏内容。在教学准备及实施过程中需注意以下几个方面:

1. 感知插画中的颜色特点。教师引导学生观察插画中的不同细节,通过从视觉切入、联合其他感官的方式,帮助他们产生与插画内容相符的情感共鸣。

2. 教师提前练习与《童谣绘本》插画配套的教师乐谱部分,仔细阅读乐谱中的每个表情记号,做到节奏正确、充满乐感。

3. 培养学生的音乐听觉。在欣赏音乐时,教师多鼓励学生进行艺术想象。

4. 注重角色扮演的教学环节。在欣赏音乐的同时,教师应带领学生做出与音乐语言相符的肢体动作和情感表达。

(三)《亲子家庭作业》的使用

每周课后,请教师根据《亲子家庭作业》中每课的练习布置家庭作业,鼓励学生和爸爸妈妈一起完成《亲子家庭作业》中的亲子互动内容，共同营造良好的家庭音乐艺术氛围。

二、亲子部分

家长使用的亲子材料包括《教学指导手册》《童谣绘本》及《亲子家庭作业》。

（一）《教学指导手册》的使用

有一定音乐基础的爸爸妈妈可以根据《教学指导手册》中 24 课的教案内容在家对孩子进行古典音乐启蒙，做好音乐或器乐学习的准备。

（二）《童谣绘本》的使用

爸爸妈妈可以与孩子一起观赏、阅读《童谣绘本》中的 16 幅插画以及相关的音乐导赏内容（笔者为该部分录制了相关视频）。对家长来说，在学习《童谣绘本》内容的过程中需注意以下三个方面：

1. 家长要与孩子积极互动，说一说插画和音乐带来的艺术想象及相关体会。
2. 注意阅读绘本中的步骤，引导孩子感受插画细节。
3. 有一定音乐基础的爸爸妈妈可以练习演奏《童谣绘本》插画中配套的教师乐谱，与孩子一起哼唱童谣。

（三）《亲子家庭作业》的使用

古典音乐的美育意义应在日常的点点滴滴中慢慢渗透、积累。每周课后，请家长陪孩子认真完成《亲子家庭作业》中的相关练习，包括每天播放古典音乐，与孩子共同欣赏古典音乐等作业，营造良好的家庭艺术氛围。

三、幼儿部分

幼儿使用的材料包括《童谣绘本》及《亲子家庭作业》。

（一）《童谣绘本》的使用

幼儿可以与爸爸妈妈一起观赏、阅读《童谣绘本》中的 16 幅插画，与《教学指导手册》教案相关的精美插画及音乐导赏内容。对于幼儿来说，《童谣绘本》的内容学习有以下三个重点：

1. 感知插画中不同颜色的特点。幼儿可根据绘本上的问题，和老师、爸爸妈妈说一说插画中发生的故事，体会故事中不同角色的心情。
2. 幼儿可以听一听老师或者教材配套导赏视频中的演奏，找一找插画及相关音乐中表达方式的相同点。
3. 材料中包含童谣乐谱，幼儿可在老师或者爸爸妈妈的引导下，唱一唱与插画相关的童谣歌曲。

（二）《亲子家庭作业》的使用

每周课后，幼儿和爸爸妈妈一起认真完成《亲子家庭作业》中的练习，每天根据作业要求聆听古典音乐，每周做好节奏、乐理等相关部分的复习。

教学设计思路简介

一、教案设计结构

《教学指导手册》中24课教案的教学活动建议以集体授课的形式进行，学员的年龄范围为4–6岁。

教案内容分为两个阶段。第一阶段的12课，每课课时为45分钟，分为四个教学环节：音乐感知与认知、音乐听觉和音乐记忆、绘画与音乐的联系、乐理。第二阶段的12课，每课课时为50分钟，其在第一阶段的基础上增加了教学环节——器乐学习的预备练习。原先第四环节"绘画与音乐的联系"从第二阶段开始，将根据学生情况和教学氛围作为一种休息或奖励的方式穿插在每课的教学过程中。

由于每节课的教学重点设计不同，教学环节的时间也会有相应的变化。《教学指导手册》中的24课教案对每节课的教学目标、教材选用、教学方法、教学内容和教学时间管理都有详细的说明。

二、教学设计特色

本套教材的教学内容共有六个专业性特色：

（一）体态律动教学

体态律动是指身体律动与音乐韵律所产生的联系。它对儿童会产生两方面的帮助：一、可以启发儿童对节奏韵律的直觉本能；二、可以刺激音乐听觉感官，激发儿童全身心地去感受音乐。

（二）音乐听觉的培养

练习音乐听觉的目的是使儿童对基本的音乐内容产生兴趣。音乐听觉并不是单纯的听，它是思考型的，包括节奏、旋律、和声及多声部旋律复调的听觉。对于儿童来说，能听出音高的位置，就意味着对音高建立了基本的感觉。本课程从音高听觉开始，让儿童先用肢体律动来感受和表现音乐节奏，再逐渐深化至旋律听觉及大小调的和声听觉，使儿童能越来越快地记住所听到的旋律，甚至能对只听过一次的音乐产生深刻的记忆。

（三）著名作曲家经典作品欣赏

本教材在每节课的教学中都设计了著名作曲家的经典作品欣赏环节。这些经过精心挑选的作品分别选自巴洛克时期、古典主义时期和浪漫主义时期。自编教材在此也起到了较为积极的作用，它们图文并茂，采用儿童喜爱的语言方式，对作曲家的生平进行了叙述。如此一来，儿童便可以在教师的引导下，于几百年后的今天较为全面地接触这些伟大作曲家的作品，了解西方古典音乐的源泉,感受它的美。

(四)专注力的培养

本教材的每个教学环节都涉及对儿童专注力的培养。除此之外,笔者还将德国著名的"精神训练法"(Mentales Training in der musikalischen Ausbildung,下称"MTMA")*引入教学内容之中。它的特色是促使人们高度专注并在想象中完成一些音乐练习,以加强一些优质的音乐意识在大脑深层生根发芽。相对成人,MTMA的训练法更易被儿童接受。

(五)视觉与音乐的联系

视觉是另一个可以影响和刺激儿童音乐听觉的重要感官。本教材在前4课中选用西方经典儿歌,并配上富有想象力的精美插画,使儿童在启蒙时就能对颜色产生感觉。教材将美术与音乐联系起来,使儿童在听音乐、练习音乐听觉时,脑海中可以产生相应的画面或场景。

(六)肌肉、关节的控制与运用

从第13课开始,教材增加了一个针对儿童肌肉和关节控制的教学环节。无论是业余还是专业的器乐学习,最大的痛苦莫过于肌肉过于紧张而导致四肢不能灵活运用,阻碍了演奏技巧的发展和音乐的表达。这一教学环节可以让儿童练习一些器乐学习的预备肢体动作,使他们能有效控制身体大关节、精细关节和肌肉的运用。

三、教学目标

学生在完成24课的学习后,其能力需达到以下七个标准:

(一)节奏感

第一阶段:可以辨认二拍子和三拍子,熟练使用节拍器,懂得控制快速、慢速的基本节奏律动。

第二阶段:将可以运用的基本速度种类增多一倍,包括对休止符及复合节奏的运用。

(二)体态律动

第一阶段:能够敏锐捕捉音乐的情绪,并根据自己对音乐的感知,做出相应的肢体动作;可以根据联想到的音乐故事内容进行角色扮演。

第二阶段:提高对音乐的审美,以及对细节处的音乐表情记号的捕捉能力;丰富对音乐的想象,使肢体律动更加符合音乐的表达。

---

* MTMA指德国精神训练法在音乐教育中的运用,是德国教育家为锻炼音乐学习者身体放松以达到高度专注所创建的课程。笔者在德期间跟随欧洲著名音乐医生阿比盖德博士(Dr. Abilgaad)学习过MTMA课程,收益颇丰。

（三）艺术感知

第一阶段：通过插画的视觉刺激，能够将颜色与音乐联系在一起；通过对教具的触觉感受，能够将触觉感官与音乐联系在一起，从而使触觉变得更为敏感细腻；在欣赏某段音乐时，可以描绘相应的画面或场景。

第二阶段：能对颜色产生音乐联想，并根据音乐自由地掌控肌肉、关节的固定与放松，为以后的器乐演奏学习打下基础；教师切换不同的音乐片段，学生可以快速反应出音乐所表达的内容。

（四）音乐听觉

第一阶段：能够分辨不同的音乐表现形式，并通过聆听音乐片段，基本分清巴赫、海顿、莫扎特的音乐风格及特点；听觉记忆基本达到一个小节。

第二阶段：通过聆听音乐片段，可以基本分清巴洛克时期、古典主义时期和浪漫主义时期的音乐风格及特点；通过聆听音乐片段，可以辨别一些音乐表情术语；听觉记忆达到两个小节。

（五）演唱

第一阶段：可以将所听到的旋律片段演唱出来。

第二阶段：可以将节奏感、乐感融入到旋律的演唱中去，并根据不同的情绪在演唱中改变呼吸的节奏。

（六）专注力

第一阶段：基本熟识德国精神训练法 MTMA 的练习方法，并尝试专注地学习。

第二阶段：通过 MTMA 练习方法加长专注的时间。

（七）乐理

第一阶段：学会画五线谱，认识高音谱号并且可以在高音谱表上记录基本音符；能够分辨全音符、二分音符和四分音符；认识常用的音乐表情术语。

第二阶段：认识低音谱号，能在低音谱表上记录基本音符；能够辨别全休止符、二分休止符、四分休止符和八分休止符；认识更多的音乐表情术语。

目 录

第一阶段 走进巴洛克音乐 ······ 1
- 第 1 课 ······ 2
- 第 2 课 ······ 7
- 第 3 课 ······ 11
- 第 4 课 ······ 15

古典主义音乐之旅 ······ 21
- 第 5 课 ······ 22
- 第 6 课 ······ 26
- 第 7 课 ······ 30
- 第 8 课 ······ 35
- 第 9 课 ······ 39
- 第 10 课 ······ 44
- 第 11 课 ······ 49
- 第 12 课 ······ 54

第二阶段 来自"听"的思考 ······ 59
- 第 13 课 ······ 60
- 第 14 课 ······ 63

走进浪漫主义 ······ 67
- 第 15 课 ······ 68
- 第 16 课 ······ 72
- 第 17 课 ······ 75

第 18 课	79
第 19 课	83
第 20 课	86
第 21 课	90
第 22 课	95
第 23—24 课	98

第一阶段　走进巴洛克音乐

第1课

教学目标 & 知识重点

1. 初步建立节拍的概念,体会节拍与音乐的关系
2. 体会有声与无声①的感觉
3. 认识乐器鼓
4. 认识节拍器,了解节拍器的作用
5. 初步认识巴赫,感受巴赫的音乐
6. 模唱旋律
7. 初步用 MTMA② 的方法学画五线谱,了解五条线的含义

教材准备

1. 与插画有关联的音乐绘本
2. 巴赫《哥德堡变奏曲》中咏叹调的录音以及背景故事
3. 巴赫《哥德堡变奏曲》中咏叹调的钢琴谱(第 1–8 小节)

教具准备

钢琴、手鼓、节拍器

教学内容及过程

1. 开课暖场(2 分钟)

教师演奏或演唱《问好歌》作为课堂开场。《问好歌》的旋律可由教师自己创作,或选择经典儿歌片段作为旋律。例如:

---

① 音乐往往由有声及无声状态组成,无声由休止符体现,需要演奏者专注倾听。
② 可参考资料: Tatjana Orloff-Tschekorsky, Mentales Training in der musikalischen Ausbildung, 2001; 俞湘君,《德国特色音乐心理课程"MTMA"初探》,2017 年 4 月,西安音乐学院学报《交响》,CN61-1045/J

备注:《问好歌》的歌词可由教师在每节课中进行不同主题的更换,以增加师生音乐语言互动的趣味性,营造积极的课堂教学氛围。

2. 第一环节——音乐感知与认知(18分钟)

(1)感受音乐的基本形式——有声与无声的结合

① 教师请学生闭上双眼。怕黑的学生可用低头或背对教师而坐替代。

② 教师匀速敲击两下鼓,请学生倾听声音;教师不敲鼓,请学生倾听声音。

备注:1. 教师营造神秘的氛围引发学生的好奇心。
2. 在有声与无声的教学环节中,教师注意控制节奏和张力,观察学生的专注力。
3. 教师注意引导学生分辨有声和无声的区别,敲鼓时可做强弱变化,刺激他们的听觉。

③ 教师请学生睁开眼睛,介绍乐器鼓,包括它的名称、声音特点及演奏方式,并强调鼓是一种打击乐器。

④ 教师敲击两下鼓并数两拍(导入二拍子的概念),请学生跟着鼓声,并拍手喊:"一二一二!"的口令。

⑤ 教师各数一次节奏准的两拍和节奏很不准的两拍,请学生判断哪一次的拍子数得准确。

⑥ 教师用节奏准和节奏不准的形式各弹一遍相同的旋律,引导学生建立对节奏的基本感知。

(2)认识好朋友——节拍器,学做指挥家

① 教师介绍机械节拍器的作用和使用方法,告知学生节拍器可以使我们的拍子数得更准确,是我们学习音乐的好帮手。

② 教师请学生跟着节拍器的速度数拍子(两拍),根据学生的兴趣和反应,调节节拍器速度的快慢再进行练习。

③ 教师介绍指挥家和乐团的关系,以及指挥家的工作职责(见图1.1)。

图1.1 指挥家在工作

④ 教师带领学生学习二拍子的指挥图示（见图1.2）。

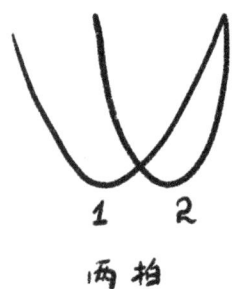

图1.2 二拍子指挥图示

> 备注：1. 做好课堂时间管理，把握每个环节的教学时间。
> 2. 教学时的语言表达和肢体动作要与现场氛围紧密联系。
> 3. 节拍器是学生进行器乐学习时的重要工具之一，因此在启蒙课中，要尽早强调它的作用。

3. 第二环节——音乐听觉和音乐记忆（12分钟）

（1）认识伟大的作曲家巴赫

① 教师展示巴赫肖像（见图1.3），引导学生描述图中巴洛克时期人们穿着打扮的特点。

图1.3 巴赫肖像

② 学生欣赏《哥德堡变奏曲》中的咏叹调，了解作品背景。

（2）音乐听觉及记忆练习

① 教师截取《哥德堡变奏曲》（见图1.4）中咏叹调旋律的骨干音，并用游戏演唱的方式锻炼学生的音乐记忆。

② 教师请每个学生负责一个音，用接龙的方式依次演唱旋律中的骨干音。注意重点练习旋律中 c^1 音（中央C）的音高。

图 1.4 《哥德堡变奏曲》中咏叹调骨干音谱例

> 备注：1. 感受并理解《哥德堡变奏曲》中咏叹调的美感。
> 2. 引导学生建立初步的音高听觉。
> 3. 鼓励学生开口大声演唱旋律。

4. 第三环节——绘画与音乐的联系（5分钟）

（1）感知色彩的温度

① 教师展示《童谣绘本》中的插画1——温暖的友情，提问学生图中的主要颜色是什么。

② 教师引导学生感知色彩，将色彩与生活联系在一起。例如："看到 XX 颜色你们能想到什么？感受到什么？这种颜色能让你们联想到怎样的味道？"（如黄色可以使人感受到温暖，使人闻到香蕉的味道，使人感受到柠檬的酸味等）

（2）通过画面想象故事情节

① 教师引导学生讲述故事主线及重点：小鸟帮助受伤的老虎，体现了它们之间的温暖友情。

② 教师引导学生描绘故事细节：体型庞大的老虎受伤，心情难过，小小的鸟儿细心地照顾老虎。鸟儿的举动十分暖心。

（3）开心地表演音乐故事

教师演奏与插画相关的儿歌片段，先请学生感知声音与画面的联系，然后进行表演。

（4）歌唱并表演故事内容

① 教师让学生歌唱并表演故事内容，引导他们放松身体，跟着教师的演奏沉浸到插画的角色中。

② 教师让学生分组表演故事中的不同角色，并用"la"跟着音乐大声演唱。

> 备注：1. 引导学生展开想象，强化对色彩的感知。
> 2. 在教学中，要结合学生的想象力与音乐听觉能力。
> 3. 引导学生建立视觉与听觉的联系。

5. 第四环节——乐理（6分钟）

（1）了解五线谱的意义

① 教师展示《哥德堡变奏曲》中咏叹调的第1–8小节。

② 教师解释五线谱的作用与意义：五线谱可以用于记录音乐，因为五线谱的存在，我们才能听到几百年前作曲家写的音乐。

（2）学会正确地放松与呼吸

① 教师用温和的语气引导学生做肌肉放松的练习。

② 教师解释做深呼吸的步骤，请学生根据口令边做深呼吸（先吸后呼），边放松。

（3）用MTMA的方法学习五线谱的画法

① 教师请学生用最舒服的姿势坐着，闭上眼睛，根据口令做深呼吸放松。

以下教学都在学生闭眼的情况下进行，在想象中完成。

② 教师请学生想象自己正身处最喜欢、最舒适的地方，并提问："小朋友们，你们现在在哪里？请XX小朋友回答我好吗？XX小朋友你能听到什么声音？看到什么东西？"（注意根据学生的回答进一步提问其想象场景的具体细节）

③ 教师："小朋友们，现在请你们想象脑海中有一张纸，你们觉得它是什么颜色的？这张纸的旁边放着一支笔，你们希望它是什么颜色？让我们用这支笔在纸上开始画五线谱吧。"（请学生根据教师的引导按照从低到高、从第一线到第五线的顺序画五线谱）

④ 教师："你们的五线谱画好了吗？有没有把线画直？"教师再次用温和的语气请学生根据口令深呼吸放松，并缓缓睁开眼睛。

备注：1. 教师注意仔细观察并记录学生练习时的反应及专注的时间。

2. 在使用MTMA的方法开展教学时，教师应多用提问的方式让学生集中注意力。

课后总结及布置家庭作业（2分钟）

1. 教师引导学生总结课堂重点

2. 布置作业

（1）每天听巴赫的音乐，鼓励跟唱旋律

（2）每天练习深呼吸和放松

（3）复习五线谱的画法

（4）复习二拍子的指挥图示

（5）积极大声地歌唱

第 2 课

教学目标 & 知识重点

1. 巩固节拍的基本概念,进一步体验快速和慢速
2. 锻炼听觉的方位感,初步导入强弱的概念
3. 加深对肢体动作和音乐联系的理解,感受不同速度(快速、慢速)的肢体表达,用肢体语言表达无声状态
4. 了解巴赫的故事并欣赏他的作品
5. 认识乐器管风琴
6. 鼓励学生进行旋律模唱
7. 用 MTMA 的方法复习五线谱的画法,了解五线谱上四个间的含义

教材准备

1. 管风琴图片
2. 带有巴赫生平故事的绘本
3. 与插画有关联的音乐绘本
4. 《哥德堡变奏曲》中咏叹调的音频

教具准备

钢琴、手鼓

教学内容及过程

1. 开课暖场(2分钟)

教师演奏或演唱《问好歌》(参见第1课)作为课堂开场。

> 备注:1. 若师生已熟悉《问好歌》的内容,教师可改变其中的主题(如天气等)。
> 　　　2. 积极引导学生用唱歌的形式与教师进行对答。

2. 第一环节——音乐感知与认知(18分钟)

(1)听鼓声导入二拍子的复习

① 教师请学生闭上双眼。怕黑的学生可用低头或背对老师而坐代替。
② 教师匀速敲击两下鼓,请学生倾听声音。教师不敲鼓,引导学生分辨有声和无

声的区别。教师敲鼓时可做声音强弱的变化以刺激听觉。

③ 教师请学生睁眼,跟着较响的鼓声大声数"一二一二",复习二拍子的概念。

④ 教师请学生跟着鼓声的速度复习二拍子的指挥图示。

⑤ 教师提问学生指挥家的工作职责。

（2）方位感听觉练习

① 学生再次闭眼,教师大幅度地更换站立的位置,运用大声、小声、快速、慢速的形式敲鼓。

② 教师请学生仔细倾听鼓声,分辨鼓声来源的位置以及鼓声的变化。

例如：教师更换站立的位置,用大声、快速的方式敲鼓,并提问："小朋友们,请你们指出鼓声是从哪里传来的,鼓声有哪些特点？"

（3）律动游戏

① 教师演示三种不同的指令动作,并带领学生熟悉指令：

教师单手平举,表示学生要做拍手动作。

教师抚摸地板,表示学生要做拍地板的动作。

教师做静止状,表示学生不发出声音也不做动作。

② 学生根据教师的指令做相应的动作。

> 备注：在鼓声游戏中,教师注意变换敲击的速度和力度,引导学生调整拍手的速度及动作的幅度。

（4）学习音乐表情术语

① 教师请学生从听觉及肢体感知 Allegro（快板）的速度,而后学习其读法。

② 教师请学生从听觉及肢体感知 Lento（慢板）的速度,而后学习其读法。

> 备注：教师要强调大多数音乐表情术语源自于意大利文。

3. 第二环节——音乐听觉和音乐记忆（8分钟）

（1）了解作曲家巴赫,欣赏他的作品

① 教师讲述巴赫的生平,提到少年巴赫的梦想是成为管风琴琴师。

② 教师展示管风琴图片（见图2.1）,讲解管风琴的相关知识点。

图2.1　管风琴

（2）音乐听觉与记忆练习

① 教师请学生聆听《哥德堡变奏曲》中的咏叹调以及《勃兰登堡第五号协奏曲》第一乐章，引导学生区分两首作品的速度与情绪。

② 教师截取作品主旋律中的五个基本音并移调至C大调（见图2.2），请学生用"la"进行模唱（游戏方式可参考第1课中的此环节）。

图2.2　主旋律中的五个基本音

> 备注：模唱题目的难度不超过三度的音列，并按一定的顺序开始。

4. 第三环节——绘画与音乐的联系（8分钟）

（1）感知色彩的故事

① 教师展示《童谣绘本》中的插画2——一起去探险吧，提问学生图中的主要颜色是什么。

② 教师引导学生感知色彩，将色彩与生活联系在一起。例如："你们看到XX颜色能想到什么？感受到什么？这种颜色能让你们联想到怎样的感觉？"（如红色给人一种热烈、兴奋的感觉等）

（2）通过画面想象故事情节

① 教师引导学生讲述故事主线及重点：一个小朋友骑着恐龙探险，感到快乐、兴奋。

② 教师引导学生描绘故事细节：小朋友探险的过程，旅途中的经历。

（3）开心地表演音乐故事

教师演奏与插画相关的儿歌，请学生感知声音与画面的联系，然后进行表演。

（4）歌唱并表演故事内容

① 教师让学生歌唱并表演故事内容,引导学生放松身体,跟着教师的演奏沉浸到插画的角色中。

② 教师让学生分组表演故事中的不同角色,并用"la"跟着音乐大声演唱。

> 备注:1. 积极鼓励学生打开想象力。
> 　　　2. 引导学生把想象力与音乐听觉能力结合起来。
> 　　　3. 音乐片段可重复演奏,但演奏力度要有变化。引导学生讲述与音乐变化相符的故事发展。

5. 第四环节——乐理(7分钟)

（1）学习五线谱上四个间的概念

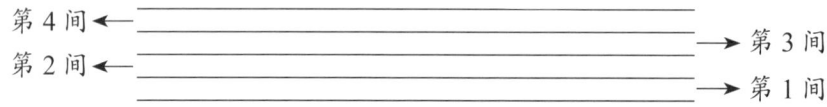

图 2.3　五线谱

（2）用 MTMA 的方法复习五线谱上的四个间

① 教师请学生用最舒服的姿势坐着,闭上眼睛,根据口令深呼吸放松。

以下教学都在学生闭眼的情况下进行,在想象中完成。

② 教师请学生想象自己正身处最喜欢、最舒适的地方,并提问:"小朋友们,你们现在在哪里？请 XX 小朋友回答我好吗？XX 小朋友你能听到什么声音？看到什么东西？"（注意根据学生的回答进一步提问其想象场景的具体细节）

③ 教师:"小朋友们,现在请你们想象脑海中有一张纸。这张纸的旁边放着一支笔,你们希望它是什么颜色的？现在让我们用这支笔在纸上开始画五线谱吧。"（请学生根据教师的引导按照从低到高、从第一线到第五线的顺序画五线谱）

④ 教师:"你们的五线谱画好了吗？你们想象世界中的五线谱有几根线？有几个间？让我们一起从下往上数一下四个间吧。"

⑤ 教师再次用温和的语气请学生根据口令深呼吸放松,并缓缓睁开眼睛。

> 备注:在使用 MTMA 的方法开展教学时,教师注意观察学生的专注度,对于不够专注的学生,用提问的方式帮助其调整专注状态。

课后总结及布置家庭作业（2分钟）

1. 教师引导学生总结课堂重点
2. 布置作业

（1）每天欣赏巴赫的音乐

（2）用快板、慢板的速度复习二拍子的指挥图示，并跟着不同的速度步行

（3）复习五线谱的画法，并标注四个间在五线谱上的位置

（4）跟随音乐歌唱

第3课

教学目标

1. 在听觉方位训练中，加入音乐记忆和辨识乐器声音的练习
2. 由浅至深帮助学生用肢体去感受不同的节奏
3. 感受强弱变化与肢体语言的联系
4. 认识乐器钢琴
5. 加深对巴赫音乐的理解
6. 鼓励学生大声演唱听过的旋律
7. 认识高音谱号

教材准备

1. 与插画有关联的音乐绘本
2. 巴赫《勃兰登堡协奏曲五号》第一乐章的音频

教具准备

手鼓、钢琴

教学内容及过程

1. 开课暖场（2分钟）

教师演奏或演唱《问好歌》作为课堂开场，请学生用握手、击掌、拥抱等方式互相问

好。教师可根据实际情况,改变《问好歌》中的主题(如喜欢的食物等)。

> 备注:1. 注意变化教学方法,活跃课堂氛围。
> 2. 积极引导学生用唱歌的形式与教师进行互动问答。

2. 第一环节——音乐感知与认知(18 分钟)

(1)听鼓声导入听觉方位练习

① 教师请学生观察并记住教室的门、灯、鼓分别在什么位置。

② 教师请学生闭上双眼,背对老师而坐,依次提问教室内门、灯、鼓的位置,请学生闭眼回答。例如:"小朋友们,教室的灯在哪?你们可以告诉老师吗?"

(2)辨识乐器音色的练习

① 教师轻轻走到钢琴前,弹几个音,并提问:"这是鼓的声音吗?"教师再换位置敲鼓,请学生分辨声音的位置以及是不是鼓声。

② 教师演奏巴赫《哥德堡变奏曲》的第 1–8 小节,并问学生:"你们还记得这个音色吗?老师刚刚在你们闭眼时弹过。这个乐器叫钢琴,你们听出来了吗?老师刚才弹的是谁的作品?"

③ 教师轻轻走动,换方位敲鼓(注意要有强弱、快慢的变化),请学生分辨声音的位置以及鼓声的变化。例如,教师换位置大声快速敲鼓并问学生:"鼓声从哪里传来?是快板还是慢板?是轻的还是响的?"

(3)认识乐器钢琴

① 教师请学生睁开眼睛,讲述关于钢琴的重点知识,让学生了解这件乐器。

② 教师带领学生复习鼓的相关知识点。

(4)认识音乐表情术语

① 教师分别用强和弱的力度敲鼓,引导学生初步感受 Piano(弱,简写为"p")与 Forte(强,简写为"f")。

② 教师在黑板上写下音乐表情术语 Piano 与 Forte,并带领学生学习其读法。

③ 教师带领学生用拍手的方法复习 Allegro(快板)、Lento(慢板)的速度。

(5)律动练习(体会无声时肢体静止的张力)

教师请学生围成一个圈站好,根据指令练习节奏:

教师大声拍鼓,学生大声鼓掌并大幅度地原地踏步;

教师小声拍鼓,学生小声鼓掌并小幅度地原地踏步;

教师做静止状,学生不发出声音也不做动作。

备注：1. 教师带领学生熟悉指令后再开始游戏。
2. 鼓声可以有快慢的调节，调节时要提前告知学生口令，给予他们反应及准备的时间。

3. 第二环节——音乐听觉和音乐记忆（8分钟）

（1）再次走进伟大的作曲家巴赫

① 复习上节课学过的内容，包括巴洛克时期、巴赫的生平等。

② 教师补充关于巴赫的名言，加深学生对巴赫的了解。

③ 复习管风琴的相关知识点。

（2）音乐听觉与记忆练习

① 欣赏巴赫《勃兰登堡协奏曲五号》第一乐章。

② 教师截取作品主旋律中的五个基本音并移调至 C 大调（见图 3.1），请学生模唱（每位学生可尝试模唱两个音）。

图 3.1　作品主旋律中的五个基本音

③ 教师在钢琴上按照力度及速度的变化分段弹奏旋律，请学生辨识所听到的音乐表情术语，然后让学生用肢体表达旋律力度及速度的变化。

备注：1. 教师在进行速度情绪调节前，要停顿片刻，给予学生反应的时间。
2. 教师在演奏时要分段，注意每段的音乐表情和速度，以帮助学生复习学过的知识点。
3. 音乐记忆的练习难度可增加至两个音。

4. 第三环节——绘画与音乐的联系（6分钟）

（1）感知色彩的故事

① 教师展示《童谣绘本》中的插画 3——小雨点，提问学生图中的主要颜色是什么。

② 教师引导学生感知色彩，将色彩与生活联系在一起。例如："你们看到 XX 颜色能想到什么？感受到什么？这种颜色能让你们联想到怎样的感觉？"（如蓝色给人一种清凉、纯静之感）

（2）通过故事画面想象故事细节

① 教师引导学生讲述故事主线及重点：一位小朋友和一只小鸟在雨中撑伞相遇的故事。

② 教师引导学生描绘故事细节：小朋友和小鸟相遇的过程，雨天空气的味道，小雨滴落在伞上的声音。

（3）开心地表演音乐故事

教师演奏与插画相关的儿歌片段，请学生感知声音与画面的联系，而后进行表演。

（4）歌唱并表演故事内容

① 教师让学生歌唱并表演故事内容，引导学生放松身体，跟着教师的演奏沉浸到插画的角色中。

② 教师让学生分组表演故事中的不同角色，并用"la"跟着音乐大声演唱。

备注：1. 鼓励学生想象并创作故事。
2. 对学生进行分组，以便他们进行角色扮演。
3. 注意调整学生的节拍律动，使其与音乐一致。

5. 第四环节——乐理（9分钟）

（1）用MTMA的方法复习五线谱上的四个间

① 教师请学生用最舒服的姿势坐着，闭上眼睛，根据口令深呼吸放松。

以下教学都在学生闭眼的情况下进行，在想象中完成。

② 教师请学生想象自己正身处最喜欢、最舒适的地方，并提问："小朋友们，你们现在在哪里？请XX小朋友回答我好吗？XX小朋友你能听到什么声音？看到什么东西？"（注意根据学生的回答进一步提问其想象场景的具体细节）

③ 教师："小朋友们，现在请你们想象脑海中有一张纸。这张纸的旁边放着一支笔，你们希望它是什么颜色的？现在让我们用这支笔在纸上开始画五线谱吧。"（请学生根据教师的引导按照从低到高、从第一线到第五线的顺序画五线谱）

④ 教师："你们的五线谱画好了吗？五线谱有几根线？有几个间？让我们一起数一下第二间在哪里吧。XX小朋友，你在脑海里用笔点一下第三间的位置。"

⑤ 教师再次用温和的语气请学生根据口令深呼吸放松，并缓缓睁开眼睛。

（2）认识高音谱号

① 教师弹奏钢琴的中音区和高音区，让学生感知钢琴不同音区的音色。

② 教师在黑板上画高音谱号，并向学生说明高音谱号是由拉丁字母G演变而来的，也叫G谱号。

③ 教师讲解画高音谱号的步骤（见图3.2），请学生在五线谱上练习。

图 3.2　高音谱号的画法步骤

课后总结及布置家庭作业（2分钟）

1. 教师引导学生总结课堂重点
2. 布置作业

（1）聆听巴赫的的康塔塔合唱作品

（2）复习二拍子的指挥图示，加入快板、慢板、强、弱的使用

（3）跟着节拍器上的速度做相应的律动

（4）复习五线谱的画法，在五线谱上标注四个间的位置，并练习高音谱号的画法

第 4 课

教学目标 & 知识重点

1. 加深节奏游戏的难度，进一步引导学生加强对节奏的感知
2. 认识打击乐器沙锤
3. 学习音乐表情术语 Cantabile（如歌的），引导学生在触觉中感受这种柔和感
4. 鼓励学生大声、快乐地歌唱
5. 通过绘画与音乐的联系，加强学生的音乐想象力
6. 复习高音谱号的画法，进一步感知高音区的音响特点

教材准备

1. 巴赫《十二平均律》中的第一首（前奏曲）音频
2. 与插画有关联的音乐绘本

教具准备

手鼓、钢琴、沙锤、丝巾

教学内容及过程

1. 开课暖场（2分钟）

教师演奏或演唱《问好歌》作为课堂开场，请学生用握手、击掌、拥抱等方式互相问好。教师可根据实际情况，改变《问好歌》中的主题（如喜欢的食物等）。

> 备注：1. 注意变换问好的方式。
> 2. 伴随音乐，用不同的肢体语言烘托教学氛围。

2. 第一环节——音乐感知与认知（16分钟）

（1）在复习的基础上导入不同乐器音色的聆听练习

① 教师请学生观察并记住教室的门、灯、鼓分别在什么位置。

② 教师请学生闭上双眼，或低头，或背对老师而坐。依次提问教室内门、灯、鼓的位置，请学生闭眼回答。

③ 教师轻轻走到钢琴前，弹几个音，并提问："小朋友们，这是什么乐器的声音？老师是在哪里弹钢琴？请你们告诉我。"再次提问："老师弹奏的声音是轻的还是响的？Piano还是Forte？"

④ 教师换位置小声快速地敲鼓问道："小朋友们，这是什么乐器的声音？我是在哪个位置敲鼓，你们指出来好吗？我刚刚敲了几下？速度是快的还是慢的？Allegro还是Lento？"

（2）从声音导入对沙锤的认识

① 教师轻轻地移动位置，在身后摇沙锤问道："小朋友们，老师是在敲鼓吗？这是钢琴的声音吗？你们觉得这是什么东西发出的声音？"

② 教师请学生们睁开眼睛，而后展示沙锤，介绍它属于打击乐器。

（3）在游戏中复习音乐表情术语

① 教师请学生们围成一个圈坐好，给每位学生发放沙锤，请他们根据指令摇动沙锤。指令如下：

教师大声拍鼓，学生大力摇沙锤；

教师小声拍鼓，学生轻轻摇沙锤；

教师做静止状，学生不发出声音也不做动作。

备注： 注意调整学生摇动沙锤的节奏感。

② 教师请被点名的学生伴随鼓声和沙锤声，绕着大家拍手步行一圈。注意引导学生的肢体动作要与声音的快慢强弱对应。

③ 被点名的学生走完后，可由他点名另一名学生接着步行一圈。

备注： 1. 教师带领学生熟悉指令后再开始游戏，鼓声要有快慢的调节，调节时要提前告知学生口令，给予他们反应及准备的时间。
2. 注意引导学生将肢体动作与声音的快慢、强弱对应。
3. 将想象力的练习融入肢体律动中。
4. 根据声音的速度和强弱，引导学生想象某个动物的走路形态。

3. 第二环节——音乐听觉和音乐记忆（9分钟）

（1）感受 Cantabile 的含义

① 教师舞动丝巾，引导学生说出丝巾柔美、飘逸的特质。

② 教师在黑板上写出音乐表情术语 Cantabile，并解释其含义——如歌的。

③ 教师给每名学生发放丝巾，让他们慢而柔地舞动丝巾，感受 Cantabile 的含义。

（2）走近巴赫的音乐

① 复习巴赫生平的重要知识点。

② 教师请学生欣赏巴赫《十二平均律》中的第一首（前奏曲），提问："在这首作品的声音变化中，你们听到了哪些音乐表情术语？"

③ 教师将学生分成两组，一组根据音乐中的节奏和音量做与 Cantabile 含义相符的拍手动作，另一组根据音乐中的节奏和音量轻柔地舞动丝巾。

④ 学生通过相应的肢体动作，体会以后在演奏 Cantabile 音色时，手指的慢触觉与柔美音色之间的联系。

（3）演唱旋律的骨干音，练习音高听觉及音乐记忆

教师选出巴赫《十二平均律》第一首的骨干音（见图 4.1），请学生各自负责几个音符（不超过三个），而后用轮唱的方式共同演唱一条旋律。

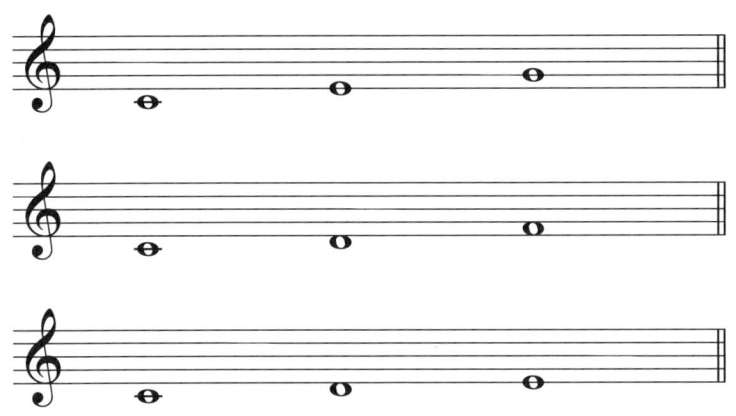

图 4.1　巴赫前奏曲骨干音

4. 第三环节——绘画与音乐的联系（7 分钟）

（1）感知色彩的故事

① 教师展示《童谣绘本》中的插画 4 ——小夜曲，提问学生图中的主要颜色是什么。

② 教师引导学生感知色彩，将色彩与生活联系在一起。例如："你们看到 XX 颜色能想到什么？感受到什么？这种颜色能让你们联想到怎样的感觉？"（如深蓝色给人一种宁静之感）

（2）通过故事画面想象故事情节

① 教师引导学生讲述故事主线及重点：小朋友在宁静的夜晚放松地聆听小鸟的歌声。

② 教师引导学生描绘故事细节：夜色非常静谧，小鸟的歌声动听悦耳。

（3）开心地表演音乐故事

教师演奏与插画相关的儿歌片段，先请学生感知声音与画面的联系，然后进行表演。

（4）歌唱并表演故事内容

① 教师让学生歌唱并表演故事内容，引导学生放松身体，跟着教师的演奏沉浸到插画的角色中。

② 教师让学生分组表演故事中的不同角色，并用 "la" 跟着音乐大声演唱。

> 备注：1. 鼓励学生想象并创作故事。
> 2. 对学生进行分组，以便他们进行角色扮演。
> 3. 注意调整学生的节拍律动，使其与音乐一致。

5. 第四环节——乐理（10 分钟）

（1）用 MTMA 的方法复习五线谱上的四个间

① 教师请学生用最舒服的姿势坐着，闭上眼睛，根据口令深呼吸放松。

以下教学都在学生闭眼的情况下进行,在想象中完成。

② 教师请学生想象自己正身处最喜欢、最舒适的地方,并提问:"小朋友们,你们现在在哪里?请XX小朋友回答我好吗?XX小朋友你能听到什么声音?看到什么东西?"(注意根据学生的回答进一步提问其想象场景的具体细节)

③ 教师:"小朋友们,现在请你们想象脑海中有一张纸。这张纸的旁边放着一支笔,你们希望它是什么颜色的?现在让我们用这支笔在纸上开始画五线谱吧。"(请学生根据教师的引导按照从低到高、从第一线到第五线的顺序画五线谱。)

④ 教师:"你们的五线谱画好了吗?五线谱有几根线?有几个间?让我们一起数一下第四线在哪里吧。"教师可点名部分小朋友回答关于线和间的名称。

⑤ 教师再次用温和的语气请学生根据口令深呼吸放松,并缓缓睁开眼睛。

> **备注:** 教师可通过适当的提问延长学生的专注力。

(2)复习高音谱号的画法

① 复习高音谱号的相关知识点——又称"G谱号"。

② 教师请学生轮流在黑板上根据步骤练习高音谱号的画法(可参照本书图3.2)。

课后总结及布置家庭作业(2分钟)

1. 教师引导学生总结课堂重点
2. 布置作业
(1)复习音乐欣赏部分关于巴赫的内容
(2)根据自己的兴趣选择聆听由巴洛克乐团演奏的巴赫作品
(3)用快板、慢板的速度,强、弱、如歌的音乐表情术语,复习二拍子的指挥图示
(4)跟着节拍器上的速度做相应的律动
(5)复习五线谱的画法,并在五线谱上标注出四个间的位置,进一步练习高音谱号的画法

古典主义音乐之旅

第 5 课

教学目标 & 知识重点

1. 感受三拍子的律动
2. 认识音砖
3. 体会重音的音乐意义，引导学生从肢体律动中感受重音与其他音乐表情术语的差别
4. 初步感受海顿的音乐风格
5. 加强音乐想象力的培养
6. 学习 c^1 音（高音谱表下加一线）

教材准备

1. 海顿的肖像图片
2. 海顿的作品音频
3. 与插画有关联的音乐绘本

教具准备

手鼓、音砖、沙锤、三角铁、钢琴、丝巾

教学内容及过程

1. 开课暖场（2分钟）

① 教师演奏或演唱《问好歌》作为课堂开场，请学生用演唱的方式互相问好，讨论主题。

② 改变《问好歌》的主题，如用即兴演唱的方式进行以天气为主题的对答。

2. 第一环节——音乐感知与认知（16分钟）

（1）音乐表情术语的听辨练习

教师展示音乐表情术语卡片，用听辨鼓声的方式带领学生复习音乐表情术语 Forte、Piano、Allegro、Lento、Cantabile。

（2）从听觉导入对音砖的认识

① 教师走到钢琴前，慢速且柔和地弹三下 c^1 音（高音谱表下加一线），并提问："小朋友们，这是什么乐器发出的声音？老师刚刚弹了几下？这三个音对应了哪几个音乐

表情术语？是 Piano、Forte,还是 Cantabile？"

② 教师快速地敲击三下音砖中的 c^1 音（第一下用强的力度，后两下用弱的力度），提问："这是什么乐器的声音？这个音和刚才用钢琴演奏的那个音一样高吗？速度是快的还是慢的？声音的强弱有什么特别的地方？"

③ 教师介绍音砖是一种乐器，是用敲击的方式来演奏的。

（3）学习音乐表情术语 Accent（重音）

① 教师在黑板上写下 Accent，向学生解释它的意思——重音，并带领学生学习读法。

② 教师用音砖演示重音的效果，例如：第一下敲 Accent 的力度，后三下敲 Piano 的力度，让学生指出重音出现的地方。

③ 请学生跟着两拍的鼓声踏步，并在第一拍上加上重音（注意重音的踏步应既快又重）。

④ 教师分别用 Cantabile 和 Accent 的感觉敲鼓，引导学生说出区别。如用 Cantabile 演奏的鼓声柔和，用 Accent 演奏的鼓声快速有力。

（4）律动游戏（协调肢体与节奏的关系）

① 教师让学生围成一个圈坐好，并发放沙锤，请学生根据口令摇沙锤。口令如下：

教师大声拍鼓时，请学生用力地摇沙锤；

教师小声拍鼓时，请学生轻轻地摇沙锤；

教师做静止状时，学生不发出声音也不做动作。

② 教师请被点名的学生跟随着鼓声与沙锤声，绕着其他同学拍手步行一圈。注意引导学生的肢体动作要与声音的快慢强弱对应。

③ 被点名的学生走完后，可由他点名另一名学生接着步行一圈。

备注 1. 游戏开始前，先带领学生熟悉指令。
2. 鼓声可以有快慢速度的调节，同时加入 Cantabile 与 Accent。改变鼓声的演奏前要提醒学生相应的口令概念。
3. 游戏中注意协调学生的节奏感，观察他们对不同音乐表情术语的感知。

3. 第二环节——音乐听觉和音乐记忆（10 分钟）

（1）感受 Cantabile 的美感

① 教师发放丝巾，引导学生说出丝巾柔美、飘逸的特质。

② 欣赏巴赫平均律第一首《前奏曲》，教师引导学生根据音乐中的节奏舞动丝巾，用肢体语言感受音乐中 Cantabile 的特点。

③ 教师将学生分成两组，一组根据节奏和音量做与 Cantabile 相符的动作（用丝巾舞动），另一组根据节奏和音量做鸟儿飞翔的动作。

（2）初步感受海顿的音乐风格

① 教师展示海顿的图片（见图 5.1），并讲述其生平。

图 5.1　海顿肖像

② 请学生欣赏海顿《D 大调弦乐四重奏——云雀》第一乐章（作品 64 号第 5 首），初步感受其如绅士般幽默、优雅的音乐风格。

③ 教师截取刚才所聆听作品的旋律骨干音（见图 5.1），请学生依次模唱（每名学生模唱不超过三个音）。

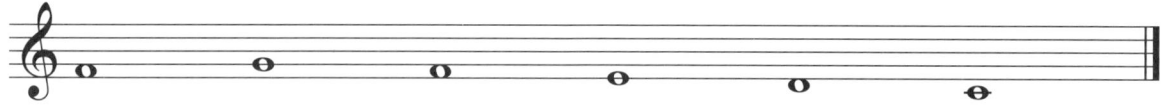

图 5.1　第一乐章骨干音

4. 第三环节——绘画与音乐的联系（5 分钟）

（1）感知色彩的故事

① 教师展示《童谣绘本》中的插画 5 ——小太阳乐队，提问学生图中的主要颜色是什么。

② 教师引导学生感知色彩，将色彩与生活联系在一起。例如："你们看到 XX 颜色能想到什么，感受到什么？这种颜色能让你们联想到怎样的感觉？"（如橙色给人一种活力之感）

（2）通过画面想象故事情节

① 教师引导学生讲述故事主线及重点：小动物们和孩子们一起快乐地组建乐队。

② 教师引导学生描绘故事细节：乐队活动的气氛充满活力，孩子们和小动物们兴奋不已，各种不同乐器发出好听的声音。

（3）开心地表演音乐故事

教师演奏与插画相关的儿歌片段，先请学生感知声音与画面的联系，然后进行表演。

（4）歌唱并表演故事内容

① 教师让学生歌唱并表演故事内容,引导学生放松身体,跟着教师的演奏沉浸到插画的角色中。

② 教师让学生分组表演故事中的不同角色,并用"la"跟着音乐大声演唱。

> 备注:可请部分学生随着音乐表演的节奏尝试演奏沙锤、鼓等乐器,并引导他们在演奏中做出声音的强弱变化。

5. 第四环节——乐理(10分钟)

(1)用MTMA的方法复习五线谱上的四个间

① 教师请学生用最舒服的姿势坐着,闭上眼睛,根据口令深呼吸放松。

注意以下教学都在学生闭眼的情况下进行,在想象中完成。

② 教师请学生想象自己正身处最喜欢、最舒适的地方,并提问:"小朋友们,你们现在在哪里?请XX小朋友回答我好吗?XX小朋友你能听到什么声音?看到什么东西?"(注意根据学生的回答进一步提问其想象场景的具体细节)

③ 教师:"小朋友们,现在请你们想象脑海中有一张纸。这张纸的旁边放着一支笔,你们希望它是什么颜色的?现在让我们用这支笔在纸上开始画五线谱吧。"(请学生根据教师的引导按照从低到高、从第一线到第五线的顺序画五线谱)

④ 教师:"你们的五线谱画好了吗?五线谱有几根线?有几个间?让我们一起数一下第二间在哪里吧。XX小朋友,你在脑海里用笔点一下第三间的位置。"

⑤ 教师再次用温和的语气请学生根据口令深呼吸放松,并缓缓睁开眼睛。

(2)复习高音谱号的画法

① 教师通过钢琴演奏请学生体会高音区水晶般的音色,注意加入符合音乐音色的艺术想象:如音色像雨滴的声音,像小女孩的说话声,像充满光芒的水晶等。

② 教师请学生轮流在黑板上根据以下步骤画高音谱号(可参见本书图3.2)。

(3)认识c^1音

① 学习在标有高音谱号的五线谱上画c^1音(高音谱表下加一线)。

② 教师演唱c^1音的音高,请学生跟唱(要求音准精确)。

③ 教师在钢琴或音砖上随意奏一个音,请学生辨识是不是c^1音。

> 备注:1. 对于学生来说,寻找准确的音高有一定难度,需要教师引导。
> 2. 教师可引导学生通过身体的位置感受音高。例如:学生在演唱C音时,若音准过高,教师可让其握拳抵在腹部加以感知。

课后总结及布置家庭作业(2分钟)

1. 教师引导学生总结课堂重点
2. 布置作业

(1)复习巴赫、海顿音乐欣赏部分的内容
(2)根据兴趣选择聆听巴洛克乐团演奏的巴赫作品,以及海顿四重奏作品
(3)用音乐表情术语——快板、慢板、强、弱、如歌的、重音,复习二拍子的指挥图示
(4)跟着节拍器上的速度做相应的律动
(5)复习五线谱、高音谱号的画法,并在五线谱上标注出中央C的位置

第6课

教学目标 & 知识重点

1. 学习三拍子的律动,感受它与二拍子的不同
2. 学习三拍子的指挥图示
3. 感受三拍子不同舞蹈的节奏特点
4. 加大体态律动的难度,将其与呼吸、听觉联系在一起
5. 了解海顿的故事,加强对海顿音乐的理解,了解弦乐四重奏的演奏形式
6. 感受并学习d^1音(高音谱表下加一间)

教材准备

1. 海顿的生平资料及作品音频
2. 与插画有关联的音乐绘本

教具准备

手鼓、钢琴

教学内容及过程

1. 开课暖场(2分钟)

教师演奏或演唱《问好歌》作为课堂开场,请学生用演唱的方式互相问好,讨论主题。

备注： 教师可引导学生用快或慢的速度来进行演唱式对答，注意复习课堂中的重点。

2. 第一环节——音乐感知与认知（16分钟）

（1）音乐表情术语的听辨练习

教师展示音乐表情术语 Forte、Piano、Allegro、Lento、Cantabile 的卡片，用听辨鼓声的方式带领学生复习这些术语。

（2）感受演奏速度与呼吸的关系——深呼吸画圈练习

① 教师请学生做慢速的深呼吸，并用手跟着呼吸的速度慢慢地画一个圈。

② 教师请学生做快速的深呼吸，并用手跟着呼吸的速度快速地画一个圈。

备注： 学生在慢速画圈时，呼吸速度等同于手指移动的速度；在快速画圈时，呼吸速度也相应加快。

③ 与体态律动有关的呼吸练习

教师请学生站起来围成一个圈，说出由两个音乐表情术语自由结合的口令，如 Allegro+Forte，请学生做相应的动作，注意让学生同时用相符的速度呼吸。

（3）感受三拍子的律动

① 教师请学生围成圆圈坐下，并重复数三拍子，讲解三拍子的节奏感。

② 教师请学生站起来，示范三拍子的律动：

数第一拍时，左脚向左迈开；数第二拍时，右脚向左跟上；数第三拍时，双腿屈膝。

再数第一拍时，右脚向右迈开；数第二拍时，左脚向右跟上；数第三拍时，双腿屈膝。

③ 教师用三拍子的指挥图示，引导学生用身体做三拍子的律动（在学生熟悉动作后，再请其为每三拍中的第一拍加上重音）。

3. 第二环节——音乐听觉和音乐记忆（14分钟）

（1）学习三拍子的指挥图示

请学生举起右手，跟着教师的示范一起挥打三拍子的指挥图示（见图6.1）。

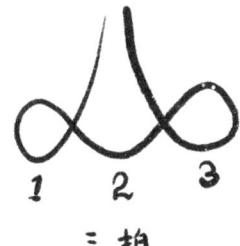

图6.1 三拍子指挥图示

(2) 感知不同舞蹈的三拍子节奏特点

① 欣赏约翰·施特劳斯的《春之声圆舞曲》(Op.410)，请学生辨识其是不是三拍子。

② 欣赏海顿的《小步舞曲》(选自弦乐四重奏 Op.9 No.2 第二乐章)，请学生辨识其是不是三拍子。

③ 引导学生感受圆舞曲与小步舞曲的律动——圆舞曲的律动稍自由，小步舞曲的律动较为优雅。

(3) 了解弦乐四重奏的演奏形式，并加深对海顿音乐风格的理解

① 教师解释弦乐四重奏形式的概念，并展示图片(见图6.2)，请学生辨认弦乐四重奏中的乐器组合：两把小提琴，一把中提琴与一把大提琴。

图 6.2　弦乐四重奏

② 教师请学生欣赏二拍子的海顿《云雀弦乐四重奏》第一乐章(Op.64 No.5)，引导学生感知二拍子与三拍子律动的不同。

③ 教师截取刚才所聆听作品的旋律骨干音(含高音谱表上的 c^1、d^1 音)，请学生依次模唱(每位学生模唱不超过三个音)，并比较音高区别。

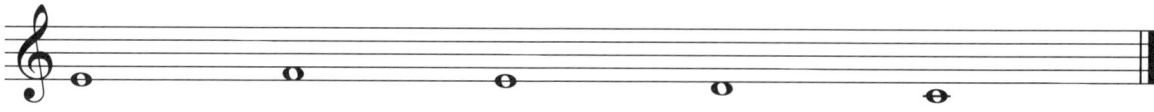

图 6.3　第一乐章骨干音

备注：1. 引导学生用肢体动作感知 c^1 音和 d^1 音音高位置的差异：可让学生左手紧贴腹部感受 c^1 音的音高，随后将右手置于左手之上，感受 d^1 音的音高。

2. 调整学生模唱时的音准。

4. 第三环节——绘画与音乐的联系(5分钟)

(1) 感知色彩的故事

① 教师展示《童谣绘本》中的插画 6——节日派对，提问学生图中的主要颜色是什么。

② 教师引导学生感知色彩,将色彩与生活联系在一起。例如:"你们看到XX颜色能想到什么?感受到什么?这种颜色能让你们联想到怎样的感觉?"(如缤纷的色彩给人一种灿烂之感)

(2)通过故事画面想象故事情节

① 教师引导学生讲述故事主线及重点:小动物们和小朋友们手拉手举行派对。

② 教师引导学生描绘故事细节:派对的氛围活跃而欢乐,小动物们和小朋友们很开心,烟花在夜空中耀眼绽放。

(3)开心地表演音乐故事

教师演奏与插画相关的儿歌片段,先请学生感知声音与画面的联系,然后进行表演。

(4)歌唱并表演故事内容

① 教师引导学生放松身体,跟着音乐沉浸到插画的角色中,表演故事的内容并大声歌唱。

② 教师将学生分成两组,一组扮演派对上的小动物,另一组用三拍的节奏打鼓伴奏。教师在演奏延长记号时,引导学生停止拍打鼓声、停止跳舞,待教师继续演奏时大家再一起恢复动作。

备注:1. 引导学生在肢体静止的状态中感受音乐的延长记号。
      2. 鼓励学生在放松、自由的状态下,用肢体感受儿歌中三拍子的律动。

5. 第四环节——乐理(7分钟)

(1)复习高音谱号及c^1音

① 教师在黑板上画高音谱号,并在五线谱上写c^1音,带领学生复习相关知识点。

② 教师用钢琴演奏c^1音,请学生仔细聆听并模唱。

(2)用MTMA的方法复习五线谱上的四个间与c^1音

① 教师请学生用最舒服的姿势坐着,闭上眼睛,根据口令深呼吸放松。

注意以下教学都在学生闭眼的情况下进行,在想象中完成。

② 教师请学生想象自己正身处最喜欢、最舒适的地方,并提问:"小朋友们,你们现在在哪里?请XX小朋友回答我好吗?XX小朋友你能听到什么声音?看到什么东西?"(注意根据学生的回答进一步提问其想象场景的具体细节)

③ 教师:"小朋友们,现在请你们想象脑海中有一张纸。这张纸的旁边放着一支笔,你们希望它是什么颜色的?现在让我们用这支笔在纸上开始画五线谱吧。"(请学生根据教师的引导按照从低到高、从第一线到第五线的顺序画五线谱)

④ 教师:"你们的五线谱画好了吗?五线谱有几根线?有几个间?让我们一起从下往上数一下第四间吧。"

⑤教师："还记得我们学过的 c^1 音吗？让我们一起在五线谱上画一下 c^1 音吧。"

⑥教师再次用温和的语气请学生根据口令深呼吸放松，并缓缓睁开眼睛。

（3）学习 d^1 音（高音谱表下加一间）

①教师在黑板上示范高音谱号和 d^1 音的画法，引导学生一起练习。

②教师用钢琴演奏 d^1 音，请学生仔细聆听并模唱。

备注： 1. 在用 MTMA 的方法练习 c^1 音的画法时，教师注意拆分步骤，细致地引导学生把音符画完整。

2. 引导学生分辨 c^1 音和 d^1 音的音高。

3. 在画音符环节，如有空余的时间，教师可在黑板上写多个不同的音符，请学生圈出其中的 c^1 音或 d^1 音。

课后总结及布置家庭作业（2分钟）

1. 教师引导学生总结课堂重点

2. 布置作业

（1）聆听课堂音乐欣赏部分的曲目

（2）根据兴趣选择巴赫、海顿的作品聆听

（3）用音乐表情术语——快板、慢板、强、弱、如歌的、重音，复习二拍子和三拍子的指挥图示

（4）跟着节拍器上的速度做出相应的律动

（5）复习高音谱号的画法，并在高音谱表上标注出 c^1、d^1 音的位置

第 7 课

教学目标 & 知识重点

1. 感受渐强与呼吸的关系
2. 感受二拍子与三拍子律动的不同
3. 加强对海顿及巴赫音乐风格的辨识
4. 加强音乐听觉的训练

5. 初步听辨大小调

6. 感受并学习 e^1 音（高音谱表第一线）

教材准备

1. 海顿的生平资料

2. 巴赫、海顿的作品音频

3. 与插画有关联的音乐绘本

教具准备

钢琴、手鼓

教学内容及过程

1. 开课暖场（2 分钟）

教师演奏或演唱《问好歌》作为课堂开场。

> 备注：1. 教师用三拍子向所有学生问好。
>
> 2. 注意《问好歌》主题的变化，如用"开心"作为主题进行即兴演唱式对答。

2. 第一环节——音乐感知与认知（15 分钟）

（1）音乐表情术语的听辨练习

教师展示音乐表情术语 Forte、Piano、Allegro、Lento、Cantabile 的卡片，用听辨鼓声的方式带领学生复习这些术语。

（2）感受速度与呼吸的关系——深呼吸画圈练习

① 教师请学生做慢速的深呼吸，并用手跟着呼吸的速度慢慢地画一个圈。

② 教师请学生做快速的深呼吸，并用手跟着呼吸的速度快速地画一个圈。

（3）从鼓声中导入 Crescendo（渐强）的概念

① 教师用渐强的方式敲鼓，提问学生声音有哪些特点，导入 Crescendo 的概念。

② 教师请学生用 Forte 的音量念音乐表情术语 Crescendo，强调 Crescendo 是逐渐变强的概念。

（4）用吹气的方式感受渐强与呼吸的联系

① 教师用渐强的方式吹气，双手根据渐强的吹气力度从窄到宽向前做手势。

② 教师请学生根据口令做相同的动作。

备注：1. 教师注意用夸张的手势加深学生对Crescendo的视觉感受。

2. 吹气动作是从弱到强的，同时，双手应根据吹气速度从窄到宽向前移动。

（5）与体态律动有关的呼吸练习

① 教师请学生站起来围成一个圈。

② 教师说出两个音乐表情术语自由结合的口令，请学生做相应的踏步拍手动作，引导学生同时用相应的速度进行呼吸。

③ 教师拍鼓伴奏，请学生根据口令做相应的律动。

3. 第二环节——音乐听觉和音乐记忆（14分钟）

（1）复习三拍子的指挥图示

请学生举起手跟着教师的示范复习三拍子的指挥图示。

（2）由巴赫、海顿的音乐导入对大小调的听觉感知

① 教师请学生初次聆听巴赫的《赋格艺术》（BWV1080）第二首与海顿的弦乐四重奏（Op.71 No.3）第二、第三乐章，并提问："你们刚刚欣赏的音乐分别由哪两位作曲家创作？它们分别是几拍子？"

② 教师引导学生感受作品中开心或难过的情绪，进而导入对大小调的听觉感知（大调的音乐通常表达开心的情绪，小调的音乐通常表达难过的情绪）。

③ 教师演奏大小调主三和弦的长琶音，请学生根据听到的调性做相应的动作：当学生听到大调的主三和弦长琶音时，双手举起并灿烂微笑；当学生听到小调的主三和弦长琶音时，双臂下垂并垂头丧气。

④ 教师请学生再次欣赏巴赫和海顿的音乐。

备注：在初次聆听时，注意引导学生用与音乐情绪表达相符合的肢体动作来深化对音乐内涵的理解。

（3）复习弦乐四重奏中的乐器组合

教师带领学生复习弦乐四重奏中的乐器组合：两把小提琴、一把中提琴与一把大提琴。

（4）复习海顿的音乐语言

教师截取旋律中的骨干音，请学生依次模唱（每名学生模唱不超过三个音）。

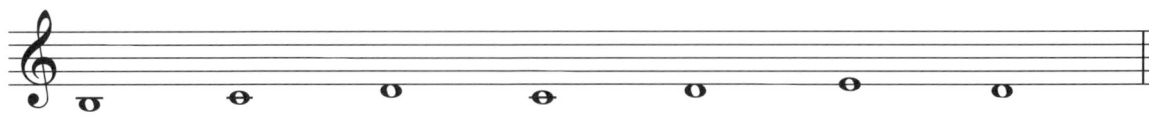

图7.1　旋律中的骨干音

备注：教师注意选择高音谱表中的 c^1、d^1、e^1 音加入不同的骨干音旋律中。

4. 第三环节——绘画与音乐的联系（5 分钟）

（1）感知色彩的故事

① 教师展示《童谣绘本》中的插画 7——温暖地拥抱，提问学生图中的主要颜色是什么。

② 教师引导学生感知色彩，将色彩与生活联系在一起。例如："你们看到 XX 颜色能想到什么？感受到什么？这种颜色能让你们联想到怎样的感觉？"（如紫色给人一种梦幻之感）

（2）通过故事画面想象故事情节

① 教师引导学生讲述故事主线及重点：天使与天鹅温暖地拥抱。

② 教师引导学生描绘故事细节：天使与天鹅相遇，黄色的小灯笼充满温暖。

（3）开心地表演音乐故事

教师演奏与插画相关的儿歌片段，先请学生感知声音与画面的联系，然后进行表演。

（4）歌唱并表演故事内容

① 引导学生放松身体，跟着教师演奏的音乐沉浸到插画的角色中，并大声演唱。

② 教师将学生分成两组，一组扮演天使，另一组扮演天鹅，互相拥抱感受音乐。

③ 教师请学生说出儿歌的调性。

备注：注意引导学生用肢体感受儿歌中三拍子的律动特点。

5. 第四环节——乐理（7 分钟）

（1）用听、唱的方式复习高音谱表上的 c^1、d^1 音

① 教师在黑板上画高音谱号，并在五线谱上写 c^1、d^1 音，带领学生复习相关知识点。

② 教师用钢琴演奏 c^1、d^1 音，请学生仔细聆听并模唱。如果学生找不到正确的音高，教师可引导其通过身体的位置感受音高。例如：演唱 c^1 音时，手握拳放在肚脐处，演唱 d^1 音时向上移动一个拳头的位置进行感受。

（2）用 MTMA 的方法复习 c^1、d^1 音，导入 e^1 音在五线谱上的位置

① 教师请学生用最舒服的姿势坐着，闭上眼睛，根据口令深呼吸放松。

以下教学都在学生闭眼的情况下进行，在想象中完成。

② 教师请学生想象自己正身处最喜欢、最舒适的地方，并提问："小朋友们，你们现在在哪里？请 XX 小朋友回答我好吗？XX 小朋友你能听到什么声音？看到什么东西？"（注意根据学生的回答进一步提问其想象场景的具体细节）

③教师："小朋友们，现在请你们想象脑海中有一张纸。这张纸的旁边放着一支笔，你们希望它是什么颜色的？现在让我们用这支笔在纸上开始画五线谱吧。"（请学生根据教师的引导按照从低到高、从第一线到第五线的顺序画五线谱）

④教师："你们的五线谱画好了吗？还记得我们学过的 c^1 音和 d^1 音吗？让我们一起在五线谱上画一下 c^1 音和 d^1 音吧。你们觉得比 d^1 音更高的 e^1 音应该画在五线谱上的哪里呢？我们现在试试吧！"

⑤教师再次用温和的语气请学生根据口令深呼吸放松，并缓缓睁开眼睛。

（3）用听、唱的方式学习 e^1 音

① 教师在黑板上画高音谱号和 e^1 音，并向学生讲解 e^1 音的记谱位置（高音谱表第一线）。

② 教师用钢琴演奏 e^1 音，请学生仔细聆听并模唱。如果学生找不到正确的音高，教师可引导其通过身体的位置感受音高。例如：可将手放在肚脐向上两个拳头的位置感受 e^1 音的音高。

备注：1. 注意引导学生分辨 c^1、d^1、e^1 音之间的音高区别。

2. 教师可设计由多个音符组成的音符题，请学生圈出其中的 c^1、d^1、e^1 音。

课后总结及布置家庭作业（2分钟）

1. 教师引导学生总结课堂重点

2. 布置作业

（1）聆听课堂音乐欣赏部分的曲目

（2）根据兴趣选择聆听巴赫、海顿的作品

（3）用音乐表情术语——快板、慢板、强、弱、如歌的、重音，复习二拍子和三拍子的指挥图示

（4）跟着节拍器上的速度做相应的律动

（5）复习 Crescendo 的吹气练习

（6）复习五线谱、高音谱号及 c^1、d^1、e^1 音的画法

第 8 课

教学目标 & 知识重点

1. 加强音乐听觉的练习
2. 感受 Andante（行板）的速度
3. 认识打击乐器三角铁
4. 加强对音乐听觉的记忆
5. 学习全音符
6. 学习 f^1 音（高音谱表第一间）

教材准备

1. 与插画有关联的音乐绘本
2. 巴赫、海顿的作品音频

教具准备

手鼓、沙锤、三角铁、钢琴

教学内容及过程

1. 开课暖场（2 分钟）

教师演奏或演唱《问好歌》作为课堂开场。

> 备注：1. 教师通过演唱三拍子音乐的方式向所有学生问好。
> 2. 在演唱时，教师可使用大调或小调，引导学生根据不同的调性色彩，运用与之相符的情绪进行演唱。

2. 第一环节——音乐感知与认知（16 分钟）

（1）从听觉导入更多感受

① 教师请学生观察并记住教室内的窗、鼓、沙锤分别在什么位置。

② 教师依次提问教室内的窗、鼓、沙锤在什么位置，请学生回答。如提问："小朋友们，鼓在哪？""你们希望老师用什么音乐表情术语敲鼓？"

③ 教师轻轻走到教室的另一处摇沙锤,并提问:"小朋友们,沙锤在哪?""你们希望老师用什么音乐表情术语摇沙锤?"

(2)认识打击乐器三角铁

① 教师在教室内轻轻敲三角铁,并提问:"小朋友们,你们觉得这是什么乐器发出的声音?"

② 教师请学生睁开眼睛,向大家展示并介绍三角铁是一种打击乐器。

(3)学习音乐表情术语 Andante(行板)

① 教师请学生围成一圈站起来,喊口令带领学生用在森林中散步的状态绕圈走,感受 Andante 的速度。

② 教师请学生坐下,展示标有 Andante 的卡片,导入行板的概念,然后教他们这个术语的读法。

(4)与音乐表情术语有关的呼吸练习

① 教师请学生做慢速的深呼吸,并用手跟着呼吸的速度慢慢地画一个圈。

② 教师请学生做快速的深呼吸,并用手跟着呼吸的速度快速地画一个圈。

③ 教师用渐强的方式吹气,同时,双手从窄到宽向前做手势,带领学生复习 Crescendo 的呼吸练习。

(5)"回声"游戏

① 教师为每名学生指定一个数字编号,并说出由三个音乐表情术语自由组合而成的口令,然后示范两次与口令相对应的拍手声。

② 教师指定某个数字编号的学生当"回声"来模仿教师的拍手声。

③ 这位学生做完"回声"模仿后,可指定下一个编号对应的同学继续,以此类推。

> 备注:游戏中注意协调学生的节奏,以及他们对音乐表情术语的反应能力。

3. 第二环节——音乐听觉和音乐记忆(10分钟)

(1)复习大小调的听觉概念

① 教师演奏大小调主三和弦的长琶音,请学生根据听到的调性做相应的动作。

② 当学生听到大调的主三和弦长琶音时,双手举起并灿烂微笑;当学生听到小调的主三和弦长琶音时,双臂下垂并垂头丧气。

(2)欣赏巴赫《f 小调大键琴协奏曲》(BWV1056)第一乐章与海顿《嬉游曲三重奏》(HOB15,C1)第二乐章

① 教师播放巴赫和海顿的两个音乐片段,提问:"小朋友们,刚刚欣赏的音乐是哪两位作曲家创作的?这两段音乐分别是几拍子?"

② 教师引导学生感受作品中开心或悲伤的情绪,导入大小调的听觉概念(大调的

音乐通常表达开心的情绪,小调的音乐通常表达悲伤的情绪)。

③ 教师请学生再次欣赏巴赫和海顿的作品。在聆听时,让学生将注意力放在对不同乐器音色的分辨上(尤其巴赫的作品),进而让他们回答具体乐器的名称。

(3)教师截取旋律中的任意四个骨干音为题,请学生模唱

图8.1　作品的骨干音

备注:1. 每名学生负责不超过四个音。
2. 教师选择高音谱表上的 c^1、d^1、e^1 三个音,加入到骨干音的旋律中。
3. 在模唱旋律时,可加入 f^1 音(高音谱表第一间)的音高。

4. 第三环节——绘画与音乐的联系(5分钟)

(1)感知色彩的故事

① 教师展示《童谣绘本》中的插画8——一起跳舞吧,提问学生图中的主要颜色是什么。

② 教师引导学生感知色彩,将色彩与生活联系在一起。例如:"你们看到XX颜色能想到什么?感受到什么?这种颜色能让你联想到怎样的心情?"(如缤纷的色彩给人一种欢乐之感)

(2)通过故事画面想象故事情节

① 教师引导学生讲述故事主线及重点:小朋友们和小动物们在一起跳舞。

② 教师引导学生描绘故事细节:在缤纷色彩的背景中,小朋友们和小动物们手拉手围着圈,一起在樱花树下开心地跳舞。

(3)开心地表演音乐故事

教师演奏与插画相关的儿歌片段,先请学生感知声音与画面的联系,然后进行表演。

(4)歌唱并表演故事内容

① 教师引导学生放松身体,随着音乐沉浸在插画的角色中,表演故事的内容并大声歌唱。

② 教师将学生分成两组,第一组为两人跳舞小组,第二组为三人跳舞小组。

③ 教师在演奏二拍子的旋律时,引导学生感受二拍子的律动,并请第一组学生(两人跳舞小组)随着音乐跳舞。教师在演奏三拍子的旋律时,引导学生感受三拍子的律动,并请第二组学生(三人跳舞小组)随着音乐跳舞。

④ 教师引导学生说出儿歌的调性。

备注：1. 注意引导学生用肢体感受儿歌中二拍子和三拍子律动的不同。
　　　2. 教师在演奏儿歌时要加入渐强的处理。

5. 第四环节——乐理（10分钟）

（1）用听、唱的方式复习高音谱表上的 c^1、d^1、e^1 音

① 教师在黑板上画高音谱号，并在五线谱上写 c^1、d^1、e^1 音，带领学生复习相关知识点。

② 教师用钢琴演奏 c^1、d^1、e^1 音，请学生仔细聆听并模唱。如果学生找不到正确的音高，教师可引导其通过身体的位置感受音高。例如：演唱 c^1 音时，手握拳放在肚脐处。演唱的音符每升高一度，手就向上移动一个拳头的位置。

（2）用 MTMA 的方法复习 c^1、d^1、e^1 音，导入 f^1 音在五线谱上的位置

① 教师请学生用最舒服的姿势坐着，闭上眼睛，根据口令深呼吸放松。

注意以下教学都在学生闭眼的情况下进行，在想象中完成。

② 教师请学生想象自己正身处最喜欢、最舒适的地方，并提问："小朋友们，你们现在在哪里？请XX小朋友回答我好吗？XX小朋友你能听到什么声音？看到什么东西？"（注意根据学生的回答进一步提问其想象场景的具体细节）

③ 教师："小朋友们，现在请你们想象脑海中有一张纸。这张纸的旁边放着一支笔，你们希望它是什么颜色的？现在让我们用这支笔在纸上开始画五线谱吧。"（请学生根据教师的引导按照从低到高、从第一线到第五线的顺序画五线谱）

④ 教师："你们的五线谱画好了吗？还记得我们学过的 c^1、d^1、e^1 音吗？让我们一起在想象世界中的五线谱上画一下 c^1、d^1、e^1 音吧。你们觉得比 e^1 音更高的 f^1 音应该画在五线谱上的哪里呢？我们现在试试吧！"

⑤ 教师再次用温和的语气请学生根据口令深呼吸放松，并缓缓睁开眼睛。

（3）用听、唱的方式学习高音谱表上的 f^1 音

① 教师在黑板上画高音谱号和 f^1 音，向学生讲解 f^1 音的记谱位置（高音谱表第一间）。

② 教师用钢琴演奏 f^1 音，请学生仔细聆听并模唱。如果学生找不到正确的音高，教师可引导其通过身体的位置感受音高。例如：可将手放在肚脐向上三个拳头的位置（大约胸口位置）感受 f^1 音的音高。

（4）学习全音符

教师在黑板上画一个全音符，并讲述：全音符的形态只有一个空心符头，要演唱四拍的时值。

备注：1. 注意引导学生仔细分辨 c^1、d^1、e^1、f^1 音的音高。

2. 教师可设计由多个音符组成的音符题，请学生圈出其中的 c^1、d^1、e^1、f^1 音。

3. 教师要告知学生全音符是在以四分音符为一拍的情况下，演唱四拍时值。

课后总结及布置家庭作业（2分钟）

1. 教师引导学生总结课堂重点

2. 布置作业

（1）复习巴赫、海顿音乐欣赏部分的内容

（2）根据兴趣选择巴赫、海顿的作品聆听

（3）复习二拍子和三拍子的指挥图示和律动（可使用节拍器），在练习中融入强、弱、快板、慢板、行板、如歌的、重音等音乐表情术语的运用

（4）以吹气的方式复习渐强

（5）复习五线谱、高音谱号的画法，并标出 c^1、d^1、e^1、f^1 音的位置

第 9 课

教学目标 & 知识重点

1. 加深对不同打击乐器的听觉感知

2. 加强音乐听觉的训练

3. 加强与音乐相结合的呼吸练习

4. 了解莫扎特的生平及其音乐风格

5. 了解歌剧艺术的表现形式

6. 学习二分音符

7. 学习 g^1 音（高音谱表第二线）

教材准备

1. 与插画有关联的音乐绘本

2. 莫扎特的故事资料及作品音频

3. 歌剧演出图

教具准备

手鼓、音砖、三角铁、钢琴

教学内容及过程

1. 开课暖场（2分钟）

教师演奏或演唱《问好歌》作为课堂开场。

> 备注：1. 教师通过演唱三拍子音乐的方式向所有学生问好。
> 2. 教师可以改变《问好歌》的主题，如用"喜欢的食物"作为主题进行对答。

2. 第一环节——音乐感知与认知（16分钟）

（1）从听觉导入对乐器音色、节拍、音乐表情术语的辨认

① 学生闭上双眼，背对教师而坐。

② 教师根据预先设定的音乐表情术语演奏四小节长度的二拍子旋律，并提问："小朋友们，这是什么乐器的音色？这段旋律是几拍子？老师用什么音乐表情术语在演奏？"

③ 教师轻轻走到教室的另一处敲击三角铁，并提问："小朋友们，这是什么乐器的音色？老师是在教室的哪个位置敲击的？老师现在用三角铁敲击一个速度，你们听这是快板、慢板，还是行板？"

④ 教师轻轻走到教室的另一处敲击音砖，并提问："小朋友们，这是什么乐器的音色？老师是在教室的哪个位置敲击的？你们希望老师用音砖来敲击二拍子还是三拍子？加不加重音？"

（2）与音乐表情术语有关的体态律动练习

① 教师请学生围成一个圈站起来，教师边敲击音砖边喊音乐表情术语口令，带领学生绕圈走，每一圈的口令要包括两个音乐表情术语。

② 教师展示标有 Allegro、Piano 的卡片，并根据由两个音乐表情术语结合而成的口令进行动作示范，请学生根据示范行走。

> 备注：1. 注意引导学生分辨三角铁和音砖的音色。
> 2. 注意观察学生行走时的体态律动是否与音乐表情术语相符。

（3）与音乐表情术语有关的呼吸练习

① 教师带领学生用渐强着吹气的方式做"篝火游戏"。

② 学生站着围成一个圈，教师站在圆圈中心，请学生想象教师站的方向是篝火，并从弱到强吹气，同时，双手从窄到宽向前做手势。

③ 教师的鼓声越长，学生吹气时间就越长，脑海中的篝火也越烧越旺。然后学生再跟着老师逐渐变短的鼓声缩短吹气时间。

（4）"回声"游戏

① 教师为每名学生指定一个数字编号，并说出由三个音乐表情术语自由组合而成的口令，然后示范两次与口令相对应的拍手声。

② 教师指定某个数字编号对应的学生当"回声"，模仿教师的拍手声。

③ 这位学生做完"回声"模仿后，可指定下一个编号对应的同学继续游戏，以此类推。

3. 第二环节——音乐听觉和音乐记忆（12分钟）

（1）了解莫扎特的生平

① 教师展示莫扎特的图片（见图9.1），讲述其生平，强调莫扎特的音乐如孩童般单纯快乐。

图9.1　莫扎特肖像

② 引入莫扎特与歌剧创作的联系，讲述歌剧表演的形式，展示歌剧演出场地的图片（见图9.2）。

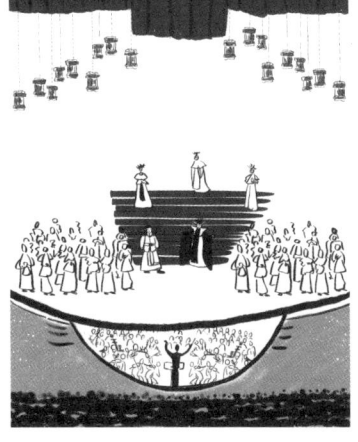

图9.2　歌剧演出及乐池

（2）聆听歌剧《魔笛》的片段——"我是快乐的捕鸟人""黎明来了"

① 教师讲述歌剧《魔笛》的故事内容：

埃及王子被一条巨大的蛇追赶，被夜女王的宫女所救。夜女王拿出女儿帕米娜公主的肖像给王子看，她告诉王子：她的女儿被坏人抢走了，希望王子去救她。王子同意了，夜女王送给王子一支能解脱困境的魔笛，随后王子就出发了。事实上，夜女王口中的坏人是智慧的主宰——光明国王。夜女王的丈夫死前把法力无边的太阳宝镜交给了光明国王，又把女儿帕米娜交给他来教导。因此夜女王十分不满，想要夺回女儿。最终，王子经受了种种考验，识破了夜女王的阴谋诡计。

② 在聆听时，教师引导学生分辨音乐所表达的情绪特点。

③ 教师截取旋律中的任意四个骨干音为题（见图9.3），请学生模唱（每位学生模唱不超过四个音）。

图9.3　旋律中任意骨干音

备注：1. 教师选择高音谱表中的 c^1、d^1、e^1、f^1 音，加入不同的骨干音旋律中。
　　　2. 在模唱旋律时，可加入 g^1 音（高音谱表第二线）的音高。

4. 第三环节——绘画与音乐的联系（5分钟）

（1）感知色彩的故事

① 教师展示《童谣绘本》中的插画9——三只兔子，提问学生图中的主要颜色是什么。

② 教师引导学生感知色彩，将色彩与生活联系在一起。例如："你们看到XX颜色你能想到什么？感受到什么？"（如绿色给人一种清新之感）

（2）通过故事画面想象故事情节

① 教师引导学生讲述故事主线及重点：三只兔子骑车郊游。

② 教师引导学生描绘故事细节：三只兔子在春意盎然的日子里骑车郊游。第一只兔子睁大眼睛，认真用力地骑车；第二只兔子满头大汗，疲惫不堪；第三只兔子非常轻松，十分惬意。

（3）开心地表演音乐故事

教师演奏与插画相关的儿歌片段，先请学生感知声音与画面的联系，然后进行表演。

（4）歌唱并表演故事内容

① 教师引导学生放松身体，跟着音乐沉浸到插画的角色中，表演故事的内容并大声歌唱。

② 教师将学生分成三组,分别扮演不同的兔子。每组学生在听到与自己所扮演的兔子相对应的旋律时,根据节拍模仿图中兔子的神态和动作。

备注:1. 通过具有表演力的演奏引导学生寻找旋律所描述的相应角色。
2. 通过提问的方式请学生说出儿歌的调性。

5. 第四环节——乐理(9分钟)

(1)用听、唱的方式复习高音谱表上的 c^1、d^1、e^1、f^1 音

① 教师在黑板上画高音谱号,并在五线谱上写 c^1、d^1、e^1、f^1 音,带领学生复习相关知识点。

② 教师用钢琴演奏 c^1、d^1、e^1、f^1 音,请学生仔细聆听并模唱。如果学生找不到正确的音高,教师可引导其通过身体的位置感受音高。例如:演唱 c^1 音时,手握拳放在肚脐处,演唱的音每升高一度手就向上移动一个拳头的位置。

(2)用MTMA的方法复习 c^1、d^1、e^1、f^1 音,导入 g^1 音在五线谱中的位置

① 教师请学生用最舒服的姿势坐着,闭上眼睛,根据口令深呼吸放松。

注意以下教学都在学生闭眼的情况下进行,在想象中完成。

② 教师请学生想象自己正身处最喜欢、最舒适的地方,并提问:"小朋友们,你们现在在哪里?请XX小朋友回答我好吗?XX小朋友你能听到什么声音?看到什么东西?"(注意根据学生的回答进一步提问其想象场景的具体细节)

③ 教师:"小朋友们,现在请你们想象脑海中有一张纸。这张纸的旁边放着一支笔,你们希望它是什么颜色的?现在让我们用这支笔在纸上开始画五线谱吧。"(请学生根据教师的引导按照从低到高、从第一线到第五线的顺序画五线谱)

④ 教师:"你们的五线谱画好了吗?还记得我们学过的 c^1、d^1、e^1、f^1 音吗?让我们一起在五线谱上画一下 c^1、d^1、e^1、f^1 音吧。你们觉得比 f^1 音更高的 g^1 音应该画在五线谱上的哪个位置呢?让我们现在试试吧!"

⑤ 教师再次用温和的语气请学生根据口令深呼吸放松,并缓缓睁开眼睛。

(3)用听、唱的方式学习 g^1 音

① 教师在黑板上画高音谱号和 g^1 音,并向学生讲解 g^1 音的记谱位置(高音谱表第二线)。

② 教师用钢琴演奏 g^1 音,请学生仔细聆听并模唱。如果学生找不到正确的音高,教师可引导其通过身体的位置感受音高。例如:可将手放在肚脐向上四个拳头的位置感受 g^1 音的音高。

(4)学习二分音符的时值

① 教师在黑板上画一个二分音符,并讲述:二分音符由一个空心符头和一根符干

组成,要演唱两拍的时值。

② 比较二分音符与全音符时值的不同:二分音符的时值为全音符的一半。

> 备注: 1. 注意引导学生分辨 c^1、d^1、e^1、f^1、g^1 音之间的音高区别。
> 2. 教师可设计由多个音符组成的音符题,请学生圈出其中的 c^1、d^1、e^1、f^1、g^1 音。
> 3. 教师告知学生二分音符是在以四分音符为一拍的情况下,演唱两拍时值。

课后总结及布置家庭作业(2分钟)

1. 教师引导学生总结课堂重点
2. 布置作业

(1)复习莫扎特音乐欣赏部分的内容

(2)根据兴趣选择巴赫、海顿、莫扎特的作品聆听

(3)复习二拍子和三拍子的指挥图示和节拍律动,并融入强、弱、快板、慢板、行板、如歌的、重音等音乐表情术语的运用

(4)以吹气的方式复习 Crescendo

(5)复习五线谱、高音谱号的画法,在五线谱上标注出四个间的位置,并练习 c^1、d^1、e^1、f^1、g^1 音的写法

第 10 课

教学目标 & 知识重点

1. 加强对音乐的想象,并根据音乐做相应的角色扮演
2. 感知 Mezzo Piano(中弱,简写为"*mp*")力度的声音
3. 加强对巴赫、海顿、莫扎特音乐风格的区分
4. 加强节奏律动的练习
5. 深化音乐的相关记忆
6. 感受并学习 a^1 音(高音谱表第二间)

教材准备

1. 与插画有关联的音乐绘本
2. 巴赫、海顿、莫扎特的作品音频

教具准备

音砖、钢琴

教学内容及过程

1. 开课暖场（2分钟）

教师演奏或演唱《问好歌》作为课堂开场。

> 备注：1. 教师通过演唱二拍子音乐的方式向所有学生问好。
> 　　　2. 教师可以改变《问好歌》的主题。

2. 第一环节——音乐感知与认知（17分钟）

（1）音乐表情术语与体态律动的练习

① 教师请学生围成一个圈站起来，教师边敲击音砖，边喊出含有两个音乐表情术语的口令，带领学生绕圈走。

② 教师展示标有 Allegro、Piano 的卡片，根据由两个音乐表情术语结合而成的口令进行动作示范，随后请学生根据示范行走。

（2）学习音乐表情术语 Mezzo Piano（*mp*）

① 教师在黑板上画三节楼梯（见图10.1），在第一、第三节楼梯的上方分别标注 *p* 和 *f*，第二节楼梯用问号表示，引导学生填补楼梯上的问号。

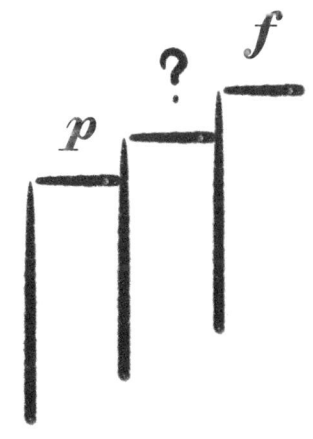

图10.1　音乐力度记号梯度1

②教师引导学生说出 mp 的强弱概念：mp 表示中弱，比 p 强，比 f 弱。

（3）复习与音乐表情术语相关的呼吸练习

①教师带领学生用渐强着吹气的方式做"篝火游戏"。

②学生站着围成一个圈，教师站在圆圈中心，请学生想象教师站的方向是篝火，并从弱到强吹气，同时，双手从窄到宽向前做手势。

③教师的鼓声越长，学生吹气时间就越长，脑海中的篝火也越烧越旺。然后学生再跟着老师逐渐变短的鼓声缩短吹出气时间。

（4）角色扮演游戏

①教师将学生分成两组，分别扮演猫与狮子，一组根据教师演奏的全音符（钢琴低音区）的律动扮演狮子，另一组根据教师演奏的二分音符（钢琴高音区）的律动扮演猫咪。

②在扮演猫和狮子的游戏开始前，注意引导学生完成动作统一的练习。

备注：1. 在学习音乐表情术语 Mezzo Piano（mp）的过程中，教师要帮助学生建立阶梯式的强弱概念。

2. 学生在体态律动及角色扮演的游戏中，神态要与音乐中的音乐表情术语相符。

3. 引导学生感受二分音符与全音符在律动上的区别。

3. 第二环节——音乐听觉和音乐记忆（10分钟）

（1）复习莫扎特的生平及歌剧的表演形式

教师通过提问的方式带领学生复习莫扎特的生平，如国籍、音乐风格、歌剧的概念、魔笛的故事等。

（2）对比欣赏巴赫的《赋格艺术》（BWV1080）、海顿的《惊愕交响曲》第二乐章、莫扎特的《我是快乐的捕鸟人》的音乐片段

①教师提问："刚刚欣赏的三个音乐片段分别由哪些作曲家创作？这三个音乐片段是几拍子？是大调还是小调？你们从中听出了哪些音乐表情术语？"

②教师总结不同作曲家的音乐风格特点。

备注：注意区分作曲家的音乐风格特点：莫扎特的音乐如孩童般单纯快乐，海顿的音乐如绅士般优雅，巴赫的音乐风格较为严谨等。

（3）教师截取旋律中的任意五个骨干音为题,请学生模唱

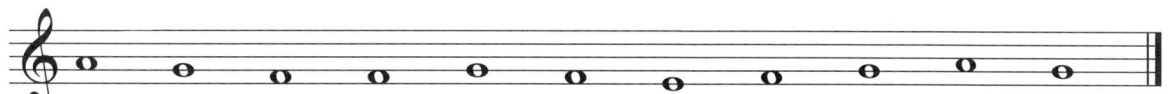

图10.2　旋律的骨干音

> 备注:1. 每名学生模唱不超过五个音。
> 　　　2. 在旋律题中加入 a^1 音(高音谱表第二间)的演唱练习。

4. 第三环节——绘画与音乐的联系(5分钟)

（1）感知色彩的故事

① 教师展示《童谣绘本》中的插画10——奶奶、爸爸和我,提问学生图中的主要颜色是什么。

② 教师引导学生感知色彩,将色彩与生活联系在一起。例如:"你们看到XX颜色你能想到什么,感受到什么？这种颜色能让你联想到怎样的景致？"(如浅蓝色让人联想到广阔的天空)

（2）通过故事画面想象故事细节

① 教师引导学生讲述故事主线及重点:小朋友和爸爸、奶奶一起在做早操。

② 教师引导学生描绘故事细节:小朋友和爸爸、奶奶穿着一样的衣服,朝气蓬勃地做早操。

（3）开心地表演音乐故事

教师演奏与插画相关的儿歌片段,先请学生感知声音与画面的联系,然后进行表演。

（4）歌唱并表演故事内容

① 引导学生放松身体,跟着音乐沉浸到插画的角色中,表演故事的内容并大声歌唱。

② 教师将学生分成三组,分别扮演不同的角色。每组学生在听到与自己所扮演的角色相对应的旋律时,模仿图中角色的神态和动作。

> 备注:1. 通过钢琴演奏引导学生寻找旋律中所描述的角色。
> 　　　2. 引导学生用不同的音乐表情符号填充音乐,用丰富的乐感来表达相同乐
> 　　　　句的不同内涵,激发他们的创造力。

5. 第四环节——乐理(10分钟)

（1）用听、唱的方式复习高音谱表上的 c^1、d^1、e^1、f^1、g^1 音

① 教师在黑板上画高音谱号,并在五线谱上写 c^1、d^1、e^1、f^1、g^1 音,带领学生复习

相关知识点。

② 教师用钢琴演奏 c^1、d^1、e^1、f^1、g^1 音,请学生仔细聆听并模唱。如果学生找不到正确的音高,教师可引导其通过身体的位置感受音高。例如:演唱 c^1 音时,可用手握拳放在肚脐处,演唱的音每升高一度,手就向上叠加一个拳头的位置。

(2)用 MTMA 的方法复习 c^1、d^1、e^1、f^1、g^1 音,导入 a^1 音在五线谱上的位置

① 教师请学生用最舒服的姿势坐着,闭上眼睛,根据口令深呼吸放松。

注意以下教学都在学生闭眼的情况下进行,在想象中完成。

② 教师请学生想象自己正身处最喜欢、最舒适的地方,并提问:"小朋友们,你们现在在哪里?请 XX 小朋友回答我好吗?XX 小朋友你能听到什么声音?看到什么东西?"(注意根据学生的回答进一步提问其想象场景的具体细节)

③ 教师:"小朋友们,现在请你们想象脑海中有一张纸。这张纸的旁边放着一支笔,你们希望它是什么颜色的?现在让我们用这支笔在纸上开始画五线谱吧。"(请学生根据教师的引导按照从低到高、从第一线到第五线的顺序画五线谱)

④ 教师:"你们的五线谱画好了吗?还记得我们学过的 c^1、d^1、e^1、f^1、g^1 音吗?让我们一起在想象中的五线谱上画一下 c^1、d^1、e^1、f^1、g^1 音吧。你们觉得比 g^1 音更高的 a^1 音应该画在五线谱上的哪里呢?我们现在试试吧!"

⑤ 教师再次用温和的语气请学生根据口令深呼吸放松,并缓缓睁开眼睛。

(3)用听、唱的方式学习 a^1 音

① 教师在黑板上画高音谱号和 a^1 音(高音谱表第二间),并向学生讲解 a^1 音在五线谱上的位置。

② 教师用钢琴演奏 a^1 音,请学生仔细聆听音高并模唱。如果学生找不到正确的音高,教师可引导其通过身体的位置感受音高。例如:可将手放在肚脐向上五个拳头的位置感受 a^1 音的音高。

(4)复习全音符和二分音符的概念

① 比较全音符和二分音符的时值与写法。

② 教师强调二分音符的时值为全音符的一半,二分音符由一个空心符头和一根符干组成;全音符没有符干,只有一个空心符头。

备注:1. 教师注意解释 a^1 音是标准音的概念。
2. 在全音符和二分音符的教学中,可通过由全音符和二分音符组成的节奏题进行知识点的复习,请学生根据题目要求打拍子并进行音高模唱。

课后总结及布置家庭作业(2分钟)

1. 教师引导学生总结课堂重点

2. 布置作业

（1）根据兴趣选择巴赫、海顿、莫扎特的作品聆听

（2）复习二拍子和三拍子的指挥图示和节拍律动，融入强、弱、中弱、快板、慢板、行板、如歌的、重音等音乐表情术语的运用

（3）以吹气的方式复习渐强

（4）复习五线谱、高音谱号的画法，并在五线谱上标注出四个间的位置，练习 c^1、d^1、e^1、f^1、g^1、a^1 音的写法

第 11 课

教学目标 & 知识重点

1. 加强音乐听觉的训练
2. 感知 Mezzo forte（中强，简写为"*mf*"）力度的声音
3. 学习 Diminuendo（渐弱）的吹气动作
4. 通过节奏律动练习音乐听觉及艺术想象能力
5. 学习四分音符
6. 感受并学习 b^1 音（高音谱表第三线）
7. 培养识谱能力

教材准备

1. 与插画有关联的音乐绘本
2. 巴赫、海顿、莫扎特的作品音频

教具准备

手鼓、钢琴

教学内容及过程

1. 开课暖场（2分钟）

教师演奏或演唱《问好歌》作为课堂开场。

备注：1. 教师通过演唱三拍子音乐的方式向所有学生问好。
2. 注意变化《问好歌》的主题，如用"喜欢的作曲家"作为主题进行即兴问答演唱。

2. 第一环节——音乐感知与认知（17分钟）

（1）认识音乐表情术语 Mezzo forte（*mf*）

① 教师在黑板上画四节楼梯（见图11.1），在第一、第二节楼梯的上方依次标注 *p* 和 *mp*，在第四节楼梯的上方标注 *f*，第三节楼梯用问号表示，引导学生填补楼梯上的问号。

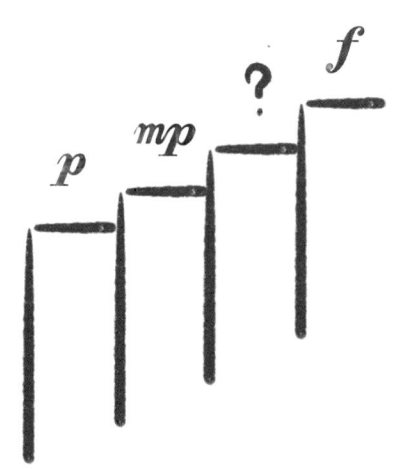

图11.1　音乐力度记号梯度2

② 教师引导学生说出 *mf* 的力度概念：*mf* 表示中强，比 *mp* 强，比 *f* 弱。

（2）与音乐表情术语有关的体态律动

① 教师请学生围成一个圈站起来，教师边敲击鼓，边喊出含有两个音乐表情术语的口令，带领学生绕圈走。

② 教师展示标有 Allegro、Piano 的卡片，并根据由这两个音乐表情术语结合而成的口令进行动作示范，请学生进行尝试。

（3）与音乐表情术语有关的呼吸练习

① 学习 Diminuendo（渐弱）的吹气动作，教师请学生坐好，解释音乐表情术语 Diminuendo 的意义，并练习 Diminuendo（渐弱）的吹气动作。从强开始，用渐弱的方式吹气，同时，双手从宽到窄、由远及近地做手势。

② 教师引导学生说出 Diminuendo（由宽到窄）与 Crescendo（由窄到宽）两种吹气方式的不同。

③ 教师带领学生用渐强着吹气的方式做"篝火游戏"。

④ 学生站着围成一个圈，教师站在圆圈中心，请学生想象教师站的方向是篝火，并从弱到强吹气，同时，双手从窄到宽向前做手势。

⑤ 教师的鼓声越长,学生吹气时间就越长,脑海中的篝火也越烧越旺。然后学生再跟着老师逐渐变短的鼓声,缩短吹气时间。

（4）角色扮演游戏

① 教师将学生分成三组,分别扮演猫、狮子与老鼠,第一组根据教师演奏的全音符（钢琴低音区）的律动扮演狮子。第二组根据教师演奏的二分音符（钢琴高音区）的律动扮演猫。第三组根据教师演奏的四分音符（钢琴高音区）的律动扮演老鼠。

② 在扮演狮子、猫与老鼠的游戏开始前,注意引导学生完成动作统一的练习。

备注：1. 引导学生建立 mf 的力度概念,与 p、mp 和 f 的力度作对比。
2. 在进行"狮子、猫与老鼠"的角色扮演游戏时,教师引导学生通过想象老鼠的动作,感知四分音符的律动。

3. 第二环节——音乐听觉和音乐记忆（10 分钟）

（1）复习有关巴赫、海顿、莫扎特生平的知识点,如作曲家的国籍、时期与音乐风格特点等

① 复习上述作曲家的音乐风格。请学生欣赏巴赫、海顿、莫扎特的音乐片段：巴赫《序曲 No.2》（BWV1067）第二乐章、莫扎特《G 大调小夜曲》（K525）第一乐章、海顿《惊愕交响曲》第二乐章。

② 教师提问："刚刚欣赏的三个音乐片段分别由哪几位作曲家创作？这些片段的节拍分别是什么？是大调还是小调？你们从中听出了哪些音乐表情术语？"

备注：注意区分不同作曲家的音乐风格特点：莫扎特的音乐如孩童般单纯快乐,海顿的音乐如绅士般优雅,巴赫的音乐风格较为严谨等。

（2）教师截取旋律中的任意五个骨干音为题,请学生模唱

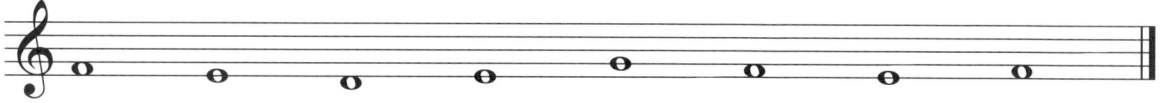

图 11.1　旋律骨干音

备注：1. 每名学生模唱不超过五个音
2. 在音乐记忆练习的环节中,如果部分学生的音乐记忆能力较强,可尝试背唱其中的几个骨干音。

4. 第三环节——绘画与音乐的联系（5分钟）

（1）感知色彩的温度

① 教师展示《童谣绘本》中的插画1——温暖的友情,提问学生图中的主要颜色是什么。

② 教师引导学生感知色彩,将色彩与生活联系在一起。例如:"看到XX颜色你们能想到什么,感受到什么？这种颜色能让你们联想到怎样的味道？"（如黄色可以使人感受到温暖,使人闻到香蕉的味道,使人感受到柠檬的酸味等）

（2）通过画面想象故事情节

① 教师引导学生讲述故事主线及重点:小鸟帮助受伤的老虎,体现了它们之间的温暖友情。

② 教师引导学生描绘故事细节:体型庞大的老虎受伤,心情难过,小小的鸟儿细心地照顾老虎。鸟儿的举动十分暖心。

（3）开心地表演音乐故事

① 教师在黑板上写下音乐片段的高音旋律,引导学生打拍唱谱,进行读谱练习。

② 回顾一下故事的重点,引导学生用悲伤的情绪演唱第一行乐谱,在第二行旋律中一起感受温暖的氛围。

备注:1. 可先挑选简单的儿歌乐谱进行识谱练习,然后深入学习音乐的内涵。

2. 识谱练习的乐谱需由全音符、二分音符和四分音符组成。

---

5. 第四环节——乐理（与第三环节共15分钟）

（1）用听、唱的方式复习高音谱表上的 c^1、d^1、e^1、f^1、g^1、a^1 音

① 教师在黑板上画高音谱号,并在五线谱上写 c^1、d^1、e^1、f^1、g^1、a^1 音,引导学生复习,并请他们画出指定音符。

② 用钢琴演奏 c^1、d^1、e^1、f^1、g^1、a^1 音,请学生仔细聆听并模唱。注意演唱 c^1 音时手握拳放在肚脐处,演唱的音符音高每升高一度,手就向上移动一个拳头的位置。

（2）用MTMA的方法画 c^1、d^1、e^1、f^1、g^1、a^1 音,导入 b^1 音在五线谱上的位置

① 教师请学生用最舒服的姿势坐着,闭上眼睛,根据口令深呼吸放松。

注意以下教学都在学生闭眼的情况下进行,在想象中完成。

② 教师请学生想象自己正身处最喜欢、最舒适的地方,并提问:"小朋友们,你们现在在哪里？请XX小朋友回答我好吗？XX小朋友你能听到什么声音？看到什么东西？"（注意根据学生的回答进一步提问其想象场景的具体细节）

③ 教师:"小朋友们,现在请你们想象脑海中有一张纸。这张纸的旁边放着一支笔,你们希望它是什么颜色的？现在让我们用这支笔在纸上开始画五线谱吧。"（请学生根

据教师的引导按照从低到高、从第一线到五线的顺序画五线谱）

④ 教师："你们的五线谱画好了吗？还记得我们学过的 c^1、d^1、e^1、f^1、g^1、a^1 音吗？让我们一起在想象世界中的五线谱上画一下 c^1、d^1、e^1、f^1、g^1、a^1 音吧。你们觉得比 g^1 音更高的 a^1 音应该画在五线谱上的哪里呢？我们现在试试吧！"

⑤ 教师再次用温和的语气请学生根据口令深呼吸放松，并缓缓睁开眼睛。

（3）用写、听、唱的方式学习 b^1 音

① 教师在黑板上画高音谱号和 b^1 音，并向学生讲解 b^1 音的记谱位置。

② 教师用钢琴演奏 b^1 音，请学生仔细聆听并模唱。如果学生找不到正确的音高，教师可引导其通过身体的位置感受音高。例如：可将手放在肚脐向上六个拳头的位置感受 b^1 音的音高。

（4）复习全音符、二分音符，学习四分音符的概念

① 教师在黑板上画一个四分音符，并讲述：由一个实心符头和一根符干组成，演唱一拍的时值。

② 比较全音符、二分音符、四分音符时值与写法的不同。其中，有关时值的教学重点为：四分音符的时值为二分音符的一半，二分音符的时值为全音符的一半。有关写法的教学重点为：四分音符由一个实心符头和一根符干组成，二分音符由一个空心符头和一根符干组成，全音符只有一个空心符头。

备注：1. 丰富听唱音符的游戏形式。
2. 教师需说明四分音符是在以四分音符为一拍的情况下，演唱一拍时值。

课后总结及布置家庭作业（2分钟）

1. 教师引导学生总结课堂重点
2. 布置作业

（1）根据兴趣选择巴赫、海顿、莫扎特的作品聆听

（2）复习二拍子和三拍子的指挥图示和节拍律动，融入强、弱、中弱、中强、快板、慢板、行板、如歌的、重音等音乐表情术语的运用

（3）以吹气的方式复习 Crescendo、Diminuendo

（4）复习五线谱、高音谱号的画法，并在五线谱上标注出四个间以及 c^1、d^1、e^1、f^1、g^1、a^1、b^1 音的位置

第 12 课

教学目标 & 知识重点

1. 复习前 11 课中所有的重要知识点
2. 感知瓶中填充物的大小与声音的联系
3. 深化呼吸与节奏律动的联系

教材准备

1. 与插画有关联的音乐绘本
2. 巴赫、海顿、莫扎特的作品音频

教具准备

手鼓、沙锤、装满豆子的瓶子、三角铁、钢琴

教学内容及过程

1. 开课暖场（2 分钟）

教师演奏或演唱《问好歌》作为课堂开场。

> 备注：1. 教师用演唱的方式问候所有学生。
> 2. 请学生自选对唱主题以及相应的音乐表情术语。

2. 第一环节——音乐感知与认知（20 分钟）

（1）从听觉练习导入三角铁音色的感知学习

① 教师请学生闭上双眼，背对教师而坐，用不同的速度和音量敲击不同的打击乐器，请学生分辨听到的音色所对应的音乐表情术语。

② 教师走到教室的一角敲击三角铁，并提问："这是什么乐器的声音？现在我用它敲击一个速度，你们听是快板、慢板，还是行板？"

③ 教师悄悄走到教室的另一处敲击音砖，并提问："这是什么乐器的音色？你们听出老师敲击的拍子了吗？"

④ 教师再换方位敲击三角铁，并提问："小朋友们，现在是什么乐器的声音？听到这个声音你们能联想到什么？"

（2）通过晃动沙锤或装满豆子的瓶子的方式，导入音色的分辨练习

① 教师摇动装满豆子的瓶子，再摇动沙锤，请学生猜猜分别是什么乐器，并区分两

种不同的音色。

② 教师请学生睁开眼睛,面对教师坐好。教师展示装豆子的瓶子,并提问:"还记得这个声音吗?这是刚才你们闭眼的时候,老师摇过的乐器,这个乐器是老师自己做的,你们看看里面是什么?"

③ 教师提问:"为什么装满豆子的瓶子和沙锤发出的声音不一样?"教师解释是因为沙锤里面的填充物比瓶子中的豆子小。

（3）角色扮演及体态律动游戏

① 教师带领学生玩"警察抓坏人"的角色扮演游戏。教师拿着手鼓请学生在自己身后排好队,请学生想象自己是警察,准备抓坏人,并营造紧张的气氛。

② 教师解释两个指令:当教师敲鼓时,大家根据鼓声节奏向前步行(教师可以编写情景来设计快慢强弱,注意用学过的音乐表情术语);当教师喊停时,大家都要静止不动,准备再次开始行动时要先吸气。

（4）"回声"游戏

① 教师为每名学生指定一个数字编号,并说出由三个音乐表情术语自由组合而成的口令,然后示范两次与口令相对应的拍手声。

② 教师指定某个数字编号对应的学生当"回声"来模仿教师的拍手声。一个学生做完"回声"模仿后,可指定下一个编号对应的学生继续游戏,以此类推。

> 备注:1. 让学生思考瓶子中的填充物与声音的关系,并根据自己喜爱的音色制作乐器。
> 2. 在"警察抓坏人"的游戏环节中,教师注意设计完整的故事情节,同时结合快慢强弱的鼓声调动学生的情绪。

3. 第二环节——音乐听觉和音乐记忆（8分钟）

（1）复习巴赫、海顿、莫扎特生平的知识点,如作曲家的国籍、时期与音乐风格特点等

① 复习上述作曲家的音乐风格,请学生欣赏巴赫、海顿、莫扎特的音乐片段:巴赫的《序曲 No.2》(BWV1067)第二乐章、莫扎特的《G 大调小夜曲》(K525)第一乐章、海顿的《惊愕交响曲》第二乐章。

② 教师提问:"刚刚欣赏的三个音乐片段分别由哪几位作曲家创作?这些片段的节拍分别是什么?是大调还是小调?你们从中听出了哪些音乐表情术语?"

备注： 注意区分不同作曲家的音乐风格特点：莫扎特的音乐如孩童般单纯快乐，海顿的音乐如绅士般优雅，巴赫的音乐风格较为严谨等。

（2）教师截取旋律中的任意五个骨干音为题，请学生模唱

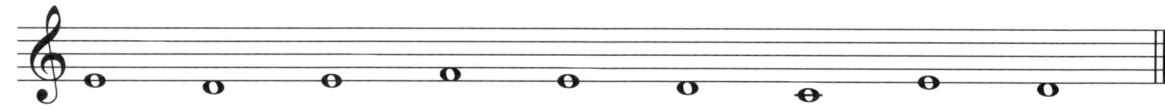

图 12.1　旋律骨干音

备注： 1. 每个小朋友模唱不超过五个音。
　　　　2. 注意在音乐记忆练习的环节中，如果部分学生的音乐记忆能力较强，可尝试背唱包含 3–5 个音的旋律。

4. 第三环节——音乐与绘画的联系（8 分钟）

（1）演唱音乐故事《温暖的友情》中的乐谱

教师写下钢琴部分的旋律，引导学生识谱演唱乐谱中的音符，注意音准。

（2）通过故事烘托音乐情境的气氛，鼓励学生身临其境地演唱

① 教师弹奏与插画相配的儿歌，将学生分成两组，让他们边唱歌边进行角色扮演。注意在表演前，应由教师提前对表演动作进行统一。

② 第一组学生扮演老虎，用难过的心情演唱第一行乐谱；第二组学生扮演小鸟，用温柔而温暖的情感演唱第二行乐谱。

备注： 注意提醒学生在投入演唱时，运用与音乐相融合的呼吸气息。

5. 第四环节——乐理（5 分钟）

（1）听、唱高音谱号的 c^1、d^1、e^1、f^1、g^1、a^1、b^1 音

① 教师在黑板上画高音谱号，并在五线谱上写 c^1、d^1、e^1、f^1、g^1、a^1、b^1 音，带领学生复习相关知识点，并请学生写出指定的音符。

② 教师在钢琴上弹奏 c^1、d^1、e^1、f^1、g^1、a^1、b^1 音，请学生模唱。演唱 c^1 音时，手握拳放在肚脐处，演唱的音符每升高一度，手就向上移动一个拳头的位置。

（2）用 MTMA 的方法复习学过的三到四个音

① 教师请学生用最舒服的姿势坐着，闭上眼睛，根据口令深呼吸放松。

注意以下教学都在学生闭眼的情况下进行，在想象中完成。

② 教师请学生想象自己正身处最喜欢、最舒适的地方,并提问:"小朋友们,你们现在在哪里?请XX小朋友回答我好吗?XX小朋友你能听到什么声音?看到什么东西?"(注意根据学生的回答进一步提问其想象场景的具体细节)

③ 教师:"小朋友们,现在请你们想象脑海中有一张纸。这张纸的旁边放着一支笔,你们希望它是什么颜色的?现在让我们用这支笔在纸上开始画五线谱吧。"(请学生根据教师的引导按照从低到高、从第一线到第五线的顺序画五线谱)

④ 教师:"你们的五线谱画好了吗?还记得我们学过的 c^1、d^1、e^1、f^1、g^1 音吗?让我们一起在想象世界中的五线谱上画一下 c^1、d^1、e^1、f^1、g^1、a^1 音吧。你们觉得比 g^1 音更高的 a^1 音应该画在五线谱上的哪里呢?我们现在试试吧!"

⑤ 教师再次用温和的语气请学生根据口令深呼吸放松,并缓缓睁开眼睛。

(3)复习全音符、二分音符、四分音符的相关知识点

① 比较全音符、二分音符、四分音符的时值与写法。

② 相关时值的教学重点:四分音符的时值为二分音符的一半,二分音符的时值为全音符的一半。

③ 相关写法的教学重点:四分音符由一个实心符头和一根符干组成,二分音符由一个空心符头和一根符干组成,全音符只有一个空心符头。

> 备注:教师可将学生分成两组:一组学生在黑板上设计节奏题(由全音符、二分音符或四分音符组成),另一组学生先根据节奏题的内容进行节奏拍打,然后再互换形式。

课后总结及布置家庭作业(2分钟)

1. 教师引导学生总结课堂重点

2. 布置作业

(1)根据兴趣选择巴赫、海顿、莫扎特的作品聆听

(2)复习二拍子和三拍子的指挥图示和节拍律动,融入强、弱、中弱、快板、慢板、行板、如歌的、重音等音乐表情术语的运用

(3)以吹气的方式复习 Crescendo、Diminuendo

(4)复习五线谱和高音谱号的画法,在五线谱上标注出四个间的位置,并练习 c^1、d^1、e^1、f^1、g^1、a^1、b^1 音的写法

第二阶段 来自"听"的思考

第 13 课

教学目标 & 知识重点

1. 感受 Staccato（断奏）的特点
2. 学画低音谱号
3. 用 MTMA 的方法学习 c^1 音（低音谱表上加一线）
4. 增加器乐学习的预备动作练习

教材准备

1.《汤普森简易钢琴教程》第一册
2. 与插画有关联的音乐绘本

教具准备

手鼓、沙锤、装满豆子的瓶子、三角铁、钢琴

教学内容及过程

1. 第一环节——音乐感知与认知（15 分钟）

（1）音乐表情术语与体态律动的学习

① 教师将学生分成两组（面对面站成两排，或围成里圈和外圈，面对面站好）

② 教师从 Piano、Forte、Mezzo piano、Mezzo forte、Allegro、Andante、Adagio、Crescendo、Diminuendo、Accente、Cantabile 中选择几个音乐表情术语并将其组合成口令，请学生根据口令分别用拍手、步行的方式来复习二拍子和三拍子的节奏。

> **备注：** 复习知识点时教师可请学生自行选择伴奏乐器，注意教学方法的多样性。

（2）通过跳步的动作感受 Staccato（断奏）

① 教师阐述 Staccato（断奏）的概念，请学生用跳步的方式来感受。

② 教师把学生分成面对面的两组，并为每名学生指定一个高音谱表范围内的音符。然后教师演唱不同音高的跳音，请学生在听到自己所负责的音符后做跳步动作。

> **备注：** 在断奏的律动中，教师注意引导学生感受音高和空间的关系。

（3）用呼吸练习强化对渐强（Crescendo）和渐弱（Diminuendo）的感知

① 教师先后用渐强、渐弱的方式弹奏《火车》（选自《汤普森简易钢琴教程》第一册）。

② 请学生根据教师演奏的声音变化做相应的吹气动作。例如：由弱至强吹气，配合的手势由窄到宽；由强至弱吹气，配合的手势由宽到窄。

> **备注：** 教师分别用慢速和快速演奏旋律，引导学生做相应速度的吹气动作。

2. 第二环节——音乐听觉和音乐记忆（15分钟）

（1）听音游戏

① 教师向每组学生（按照班级人数分组）发一个有固定音高（c^1、d^1 或 e^1）的响铃，没有响铃的学生则各自负责其中一个音符。

② 请学生按照 c^1、d^1、e^1（高音谱表下加一线至第一线）的音高顺序排列站好。

③ 教师在钢琴上弹奏 c^1、d^1、e^1 中的任意一个音符，请拿着相应响铃的学生摇铃，没有响铃的学生在听到自己负责的音符时走出队伍，或用蹲下、站起等动作示意。

（2）童谣游戏

① 教师展示《童谣绘本》中的插画 11——玛丽有只小羔羊，提问学生图片中主要的颜色是什么。

② 教师引导学生感知色彩，将色彩与生活联系在一起。例如："看到 XX 颜色你们能想到什么，感受到什么？这种颜色能让你们联想到怎样的味道？"（如绿色的草地有一种清新的味道）

③ 教师和学生一起看图编故事。

④ 教师演奏图中所配的儿歌，以两个音为一组开始弹奏，鼓励学生说出听到的音符，并将正确答案写在黑板上。

⑤ 教师为每名学生指定一个源自儿歌的音符，再次用慢速演奏整条旋律，学生在听到自己所负责的音符时，一边唱，一边跨出一步走出队伍，或做蹲下、站起等动作。

3. 第三环节——乐理（15分钟）

（1）认识低音谱号

① 学画低音谱号（见图 13.1）

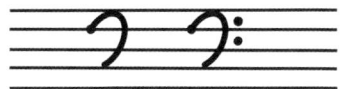

图 13.1　低音谱号的画法步骤

② 教师踩钢琴右踏板（延音踏板）演奏低音区的音符，请学生感受该音区的音色，并与高音区的音色作对比。

备注：1. 学习低音谱号时，教师应向学生说明低音谱号的形态来源于拉丁字母F。
2. 教师可引导学生将低音区各音的音色想象成大熊（或其他体积较大的动物）发出的声音或打雷的声音。
3. 教师需强调低音谱表上加一线的c^1音与高音谱表下加一线的c^1音音高相同。

（2）用MTMA的方法导入c^1音（低音谱表上加一线）的学习

① 教师请学生用最舒服的姿势坐着，闭上眼睛，根据口令深呼吸放松。

注意以下教学都在学生闭眼的情况下进行，在想象中完成。

② 教师请学生想象自己正身处最喜欢、最舒适的地方，并提问："小朋友们，你们现在在哪里？请XX小朋友回答我好吗？XX小朋友你能听到什么声音？看到什么东西？"（根据学生的回答再进一步提问其想象场景的具体细节）

③ 教师："小朋友们，现在请你们想象脑海中有一张纸。这张纸的旁边放着一支笔，你们希望它是什么颜色的？现在让我们用这支笔在纸上开始画五线谱吧。"（请学生根据教师的引导按照从低到高、从第一线到第五线的顺序画五线谱）

④ 教师："你们的五线谱画好了吗？还记得我们刚刚学过的低音谱号吗？请你们画一个低音谱号吧。""你们的低音谱号画好了吗？让我们一起拿起笔在上加一线上画一个音符吧，这个音符的名字叫做c^1音（do）。"

（3）用MTMA的方法复习高音谱表上的七个基本音

① 教师："你们还记得我们在高音谱号上学过的c^1、d^1、e^1、f^1、g^1、a^1、b^1音吗？让我们一起在想象中的五线谱上画一下c^1、d^1、e^1、f^1、g^1、a^1、b^1音吧。"

② 教师再次用温和的语气请学生根据口令深呼吸放松，并缓缓睁开眼睛。

（4）圈音符游戏

教师在黑板上画出高音谱表上的c^1音至b^1音，请被点名或举手的学生圈出教师唱出的音符。

4. 第四环节——器乐学习的预备练习（3分钟）

（1）学习手臂肌肉放松练习

教师请学生双臂向两侧平举，并根据教师口令做手臂迅速放松的动作。例如：教师的口令数到3时，要求学生的双臂已完全放松落下。注意双肩往下沉，不能向上耸。

课后总结及布置家庭作业（2 分钟）

1. 教师引导学生总结课堂重点
2. 布置作业

（1）根据兴趣选择海顿的四重奏、巴赫的歌曲、莫扎特的歌剧作品聆听，注意分辨音乐中的速度及音乐表情术语

（2）复习二拍子和三拍子的指挥图示和步行（可使用节拍器），融入强、弱、快板、慢板、行板、重音等音乐表情术语的运用

（3）复习调的概念

（4）复习高音谱表上的七个基本音，并练习低音谱号、c^1（中央 C），以及全音符、二分音符和四分音符的写法

（5）以吹气的方式练习渐强、渐弱

（6）每天根据口令做手臂肌肉放松的练习

第 14 课

教学目标 & 知识重点

1. 加强对声音的探索，初步体验自制乐器的乐趣
2. 初步体验乐器演奏
3. 感受休止符的魅力
4. 学习 b 音（低音谱表上加一间）
5. 练习新的器乐学习的预备动作

教材准备

1. 《汤普森现代钢琴教程》第一册
2. 休止符卡片

教具准备

手鼓、三角铁、响铃、沙锤、钢琴、自制乐器

教学内容及过程

1. 第一环节——音乐感知与认知（15分钟）

（1）声音探索实验——自制乐器游戏

① 教师准备两个矿泉水瓶，一份黄豆、一份米粒。教师将黄豆和米粒分别填入两个相同的矿泉水瓶内，并向学生展示，请他们分别听听两个矿泉水瓶摇晃时发出的声音。

② 教师请学生想象不同填充物放在瓶子里会发出怎样不同的声音，再进行实验。

> 备注：教师需尽可能烘托热烈的教学氛围，引发学生对声音探索的兴趣。此外，自制乐器并不复杂，只需学生开动脑筋，做出可以发出自己喜欢的声音的物品即可。

（2）音乐表情术语与体态律动的练习

① 教师将学生分成两组。其中一组学生可根据自己的意愿选择乐器来完成练习。

② 教师从 Piano、Forte、Mezzo piano、Mezzo forte、Allegro、Andante、Adagio、Crescendo、Diminuendo、Accente、Cantabile、Staccato 中选择三至四个音乐表情术语并将其组合成口令。在口令的指引下，一组学生演奏乐器，另一组学生用步行及拍手的方式复习二拍子和三拍子的节奏。第一轮练习完成后两组可交换任务进行第二轮的练习。

③ 教师解释休止符的概念：休止符是一种无声的音乐。随后，教师演奏《交通警》（选自《汤普森现代钢琴教程》第一册），演奏要有力度等方面的变化，以表达不同的情绪。每个段落的结尾均用琶音点缀，再使用休止符表达无声的状态，以示段落结束。

④ 请两组学生根据段落的情绪、节奏，依次做相应的步行体态律动。教师提醒学生在听到每个段落结尾的琶音时做准备，当音乐进入休止符时，学生需全身静止，直到下一段音乐开始。

> 备注：1. 音乐与体态律动结合时，教师要引导学生的动作符合音乐表达。
> 2. 教师要强调休止符是没有声音的音乐。在体态律动的练习中，教师可准备一块画有休止符的纸牌，当教师演奏至休止符时，可以高举纸牌来提醒学生立刻停止所有的动作。

2. 第二环节——音乐听觉和音乐记忆（15分钟）

（1）欣赏巴赫、海顿、莫扎特的作品，回答相关问题

① 教师请学生欣赏巴赫康塔塔作品中的《JESUS, MEIE FREUDE》、莫扎特的《你不要再去做情郎》（选自《费加罗婚礼》），以及海顿的《THE MARVELLOUS WORK》（选自《创世纪》）。

② 教师提问:"刚刚欣赏的三个音乐片段分别是由哪些作曲家创作的?作品的节拍分别是什么?是大调还是小调?你们听出了哪些音乐表情术语?"

(2)通过《湖上天鹅》引导学生做音乐听觉的训练

① 教师弹奏《湖上天鹅》(选自《汤普森现代钢琴教程》第一册),请学生尝试说出音乐所表达的故事。

② 教师与学生一起设计乐曲故事中的角色与动作,并将学生分组,请学生根据旋律演奏中的律动进行角色扮演。

③ 教师演奏带有休止符的《湖上天鹅》,每八小节做一次全休止符的停顿。休止时,教师的肢体需夸张地呈静止状态,引导学生感受天鹅快要睡着时的状态。

> 备注:教师可以请学生伴随琴声,根据编好的故事内容进行肢体动作表演,注意肢体动作与音乐表达要相符。

3. 第三环节——乐理(15分钟)

(1)从音高分辨对应的谱号

教师先后弹奏钢琴高音区和低音区中的音符,请学生分辨听到的音高应使用哪种谱号。

(2)复习低音谱号的画法

用问答的方式复习低音谱号与拉丁字母 F 之间的关系。

(3)从听觉导入 b 音(低音谱表上加一间)的学习

① 教师请学生演唱 c^1 音(中央 C),并弹奏 c^1 音和 b 音,引导学生辨别两个音音高的不同。

② 教师在钢琴上弹奏 b 音,请学生仔细聆听并大声模唱。

③ 教师在黑板上画低音谱号和 b 音,向学生讲解 b 音在低音谱表上的位置。

(4)用 MTMA 的方法复习 c^1 音和 b 音

① 教师请学生用最舒服的姿势坐着,闭上眼睛,根据口令深呼吸放松。

注意以下教学都在学生闭眼的情况下进行,在想象中完成。

② 教师请学生想象自己正身处最喜欢、最舒适的地方,并提问:"小朋友们,你们现在在哪里?请 XX 小朋友回答我好吗? XX 小朋友你能听到什么声音?看到什么东西?"(根据学生的回答再进一步提问其想象场景的具体细节)

③ 教师:"小朋友们,现在请你们想象脑海中有一张纸。这张纸的旁边放着一支笔,你们希望它是什么颜色的?现在让我们用这支笔在纸上开始画五线谱吧。"(请学生根据教师的引导按照从低到高、从第一线到第五线的顺序画五线谱)

④ 教师:"你们的五线谱画好了吗?还记得我们刚刚学过的低音谱号吗?请你们画一个低音谱号吧。""你们的低音谱号画好了吗?让我们一起拿笔在上加一间上画一

个音符吧,这个音符的名字叫做b音。那么c^1音在哪里呢？请你们再画一个c^1音吧。"

⑤ 教师再次用温和的语气请学生根据口令深呼吸放松,并缓缓睁开眼睛。

（5）复习全音符、二分音符、四分音符的时值

① 教师将学生分成两组,而后打拍子唱出一个带有固定节奏的音,请学生仔细聆听。

② 一组学生负责模唱,另一组学生负责说出所唱的音符是几分音符,随后两组交换任务。例如：教师唱全音符的c^1音,一组学生模仿教师演唱,另一组学生说出它是几分音符。完成后,两组交换任务。

4. 第四环节——器乐学习的预备练习(3分钟)

（1）复习侧平举手臂肌肉放松练习

① 教师请学生双臂向两侧平举。

② 学生根据教师口令做双臂即刻放松的动作。注意双肩不要向上耸。

（2）学习前平举手臂肌肉放松练习

① 教师请学生双臂向前方平举。

② 学生根据教师的口令做双臂迅速落下、完全放松的动作。注意双肩不要向上耸。

> 备注：1. 能够使手臂肌肉快速放松对于演奏者来说尤为重要。
> 2. 教师对肌肉放松与紧张的动作作对比,向学生阐述动作僵硬、紧张对器乐演奏的影响。

课后总结及布置家庭作业(2分钟)

1. 教师引导学生总结课堂重点

2. 布置作业

（1）根据兴趣选择海顿、巴赫、莫扎特等作曲家的作品聆听,并用听觉辨别乐段中出现的不同速度、表情记号以及休止符

（2）复习二拍子和三拍子的指挥图示和步行(可使用节拍器),融入强、弱、快板、慢板、行板、如歌的、重音等音乐表情术语的运用

（3）复习手臂肌肉放松练习

（4）多练习高音谱号、低音谱号的画法；复习已学音符在高音谱表和低音谱表上的位置,以及全音符、二分音符、四分音符的写法

（5）自己尝试做一个有特别声音的乐器,如瓶子里装一些填充物等,下节课带到课堂上展示

走进浪漫主义

第 15 课

教学目标 & 知识重点

1. 感受 Ritenuto（渐慢）、A tempo（回原速）的律动
2. 感受贝多芬的音乐风格
3. 加强对呼吸与音乐之联系的感知
4. 用 MTMA 的方法感受并学习 a 音（低音谱表第五线）
5. 学习指根运动的动作

教材准备

1. 贝多芬的生平资料及作品音频
2. 与插画有关联的音乐绘本

教具准备

钢琴、自制乐器

教学内容及过程

1. 第一环节——音乐感知与认知（18 分钟）

（1）音乐表情术语与体态律动的练习

① 先请部分学生展示自己在家完成的自制乐器，然后教师从 Piano、Forte、Mezzo piano、Mezzo forte、Allegro、Andante、Adagio、Crescendo、Diminuendo 中选择几个音乐表情术语并将其组合成口令，请学生根据口令演奏自己的乐器。

② 其他学生分别用拍手、步行的方式来复习二拍子和三拍子的节奏。学生可换队形，如围成一个圆圈，或在教室的两端面对面站成两排。

（2）呼吸与力度、速度变化的练习

① 教师请学生坐下，并发布拍子和速度的口令。

② 请学生根据教师口令中数的拍子，用手指画圆圈，注意画圈的速度要与节奏相吻合。

③ 请学生根据教师口令中数的拍子，做渐强、渐弱的吹气动作。

> 备注：教师提醒学生画圆圈的速度要与拍子的速度保持一致，当数拍口令结束后，学生的画圈动作也应同步结束。

（3）学习音乐表情术语 Ritenuto（渐慢）与 A tempo（回原速）的概念

① 教师用拍手的方式演示 Ritenuto（渐慢）与 A tempo（回原速）的速度，请学生说出节奏的变化。

② 教师阐述 Ritenuto（渐慢）和 A tempo（回原速）的概念，强调前者指的是从原速逐渐变慢，而不是突慢。

③ 教师将学生分成两组，设定一个基本速度，第一组学生根据该速度步行，第二组学生注意教师在口令速度上的渐慢，并跟随口令放慢脚步体会渐慢的感觉。

④ 教师给出"回原速"的口令，第二组学生找回渐慢之前的速度做步行动作，并由第一组学生判断其速度是否精确。

（4）辨音游戏

① 教师在黑板上为音符标注不同的音乐表情术语，如 Cantabile、Accente、Staccato。

② 教师为学生设定各自负责的音符，当学生看到教师在黑板上指向自己负责的音符时，大声演唱音符的音高，同时注意音准及音乐表情术语的表达。

备注：在此游戏中可加入休止符，让学生肢体做与休止符相匹配的静止状。

2. 第二环节——音乐听觉和音乐记忆（14 分钟）

（1）体会贝多芬的音乐风格

① 在学生不知道作曲家名字的情况下，教师先请他们欣赏贝多芬《第九交响曲》第一乐章中的片段，感受音乐特有的强烈节奏感。

② 教师讲述贝多芬的生平，并展示其肖像图。

图 15.1　贝多芬肖像

③ 教师请学生欣赏贝多芬的《第九交响曲》第四乐章中的合唱部分（约 6 分 50 秒起），进一步强调贝多芬的音乐与其性格间的关系。

④ 朗诵席勒的诗词《欢乐颂》。

（2）导入 a 音（低音谱表第五线）的音高学习

① 教师在已学的高音谱表音符范围内构建二度旋律音程，请学生模唱。

② 教师再请学生以 b 音为起始音向上、向下构建二度旋律音程，导入 a 音的音高学习。

（3）童谣游戏

① 教师展示《童谣绘本》中的插画 12——鱼的对话，提问学生图中的主要颜色是什么。

② 教师引导学生感知色彩，将色彩与生活联系在一起。例如："你们看到 XX 颜色能想到什么？感受到什么？这种颜色能让你联想到怎样的温度？"

③ 教师与学生一起看图编故事，引导学生讲述故事主线及重点：两条不同状态的鱼在对话。然后进一步体会静止状态与活动状态的差别。

④ 教师用钢琴演奏与插画配套的儿歌片段，引导学生感知旋律（有声音乐）与休止符（无声音乐）的差异。

（4）开心地表演音乐故事

① 学生根据教师演奏的音乐判断旋律所描述的相应角色，教师注意引导学生确认每段旋律与相应角色间的关系。

② 引导学生放松身体，跟着音乐沉浸到插画的角色中，表演故事的内容并大声歌唱。不同的角色要根据音乐的发展进行相应的表演。

> **备注：** 在"童谣游戏"这一环节中，教师注意引导学生用不同的音乐表情术语来表达相同乐句中的不同内涵，以激发他们的创造力。

3. 第三环节——乐理（13 分钟）

（1）用 MTMA 的方法导入 a 音（低音谱表第五线）的学习

① 教师请学生用最舒服的姿势坐着，闭上眼睛，根据口令深呼吸放松。

注意以下教学都在学生闭眼的情况下进行，在想象中完成。

② 教师请学生想象自己正身处最喜欢、最舒适的地方，并提问："小朋友们，你们现在在哪里？请 XX 小朋友回答我好吗？XX 小朋友你能听到什么声音？看到什么东西？"（根据学生的回答再进一步提问其想象场景的具体细节）

③ 教师："小朋友们，现在请你们想象脑海中有一张纸。这张纸的旁边放着一支笔，你们希望它是什么颜色的？现在让我们用这支笔在纸上开始画五线谱吧。"（请学生根据教师的引导按照从低到高、从第一线到第五线的顺序画五线谱）

④ 教师："你们的五线谱画好了吗？还记得我们学过的低音谱表上的 c^1 音和 b 音吗？让我们一起在想象世界中的五线谱上画一下低音谱号和 c^1、b 音吧。你们觉得比 b

音更低的 a 音应该画在五线谱上的什么位置呢？我们现在试试吧！"

⑤ 教师再次用温和的语气请学生根据口令深呼吸放松，并缓缓睁开眼睛。

（2）用听、唱、写的方式学习 a 音

① 教师鼓励大家唱一唱低音谱表第五线上的 a 音。

② 教师在黑板上画低音谱号和 a 音，并讲解相关知识点。

③ 教师在钢琴上弹奏 a 音，请学生大声模唱。

备注： 在学习 a 音前，教师先让学生自己开动脑筋，尝试在低音谱表上标出 a 音的位置。

（3）复习全音符、二分音符和四分音符的时值

教师请学生在黑板上画出指定时值的音符。

（4）演唱音符游戏

① 教师请每名学生唱出两个不同的音符（时值可不同）。

② 教师将每名学生唱出的两个音符都写在黑板上，最后请全体学生一起大声演唱。

4. 第四环节——器乐学习的预备练习（3 分钟）

（1）前平举、侧平举手臂肌肉放松练习

① 教师请学生双臂向两侧平举，学生根据教师口令做双臂即刻放松落下的动作，注意双肩不要向上耸。

② 教师请学生双臂向前方平举，学生根据教师口令做双臂即刻放松落下的动作，注意双肩不要向上耸。

（2）指根运动

教师请学生坐下，双臂前伸举起，手指向前伸直，五个手指依次抬指，指根关节积极运动，注意不要耸肩。

备注： 指根运动开始前，教师应向学生介绍每个手指在口令中对应的数字。

课后总结及布置家庭作业（2 分钟）

1. 教师引导学生总结课堂重点

2. 布置作业

（1）根据兴趣选择海顿、巴赫、莫扎特的作品聆听

（2）完整聆听贝多芬的《第九交响曲》

（3）复习二拍子和三拍子的指挥图示和步行（可使用节拍器），并融入强、弱、快板、慢板、行板、如歌的、重音等音乐表情术语的运用

（4）复习跳音和休止符的概念，体会渐慢、回原速时的心理节奏

（5）复习高音谱表上的七个基本音，低音谱表上的 c^1、b、a 音，以及全音符、二分音符、四分音符的写法

（6）以吹气的方式练习渐强、渐弱

（7）每天根据口令做手臂肌肉放松运动和指根运动

第 16 课

教学目标 & 知识重点

1. 加强对听觉与节奏律动间联系的认识
2. 感知 Moderato（中板）的速度
3. 学习八分音符
4. 用 MTMA 的方法感受并学习 g 音（低音谱表第四间）
5. 学习腕部放松动作

教材准备

贝多芬的故事资料及相关音频资料

教具准备

钢琴、丝巾、沙蛋

教学内容及过程

1. 第一环节——音乐感知与认知（15 分钟）

（1）音乐与体态律动的练习

①教师播放施特劳斯的《小步舞曲》（作品 60），请学生听一听这段音乐是几拍子。

②教师再次播放作品，请学生思考：丝巾和沙蛋这两个教具哪个更适合这首作品的律动。

③ 教师第三次播放作品,请学生用丝巾进行体态律动。

> 备注:1. 在用丝巾进行体态律动时,需有三拍子的舞蹈节奏感。第一拍向上抛起丝巾,第二拍用手接住丝巾,第三拍双膝微曲再直立。
> 2. 注意动作要柔和,听到音乐自由片段时停止律动。

（2）学习音乐表情术语 Moderato（中板）

① 教师阐述 Moderato（中板）的概念:一种比快板慢、比行板快的速度。

② 教师带领学生用体态律动的方式感受这个速度。学生分成两组围成圈站好,一组学生面向外围成圈,通过身体左右摇摆感受中板的律动。另一组学生面向里围成圈,用踏步感受中板的律动。此外,教师也可请他们选择自己喜欢的乐器按照指定的速度演奏。

（3）复习音乐表情术语 Ritenuto（渐慢）和 A tempo（回原速）

① 教师带领学生复习渐慢、回原速的相关概念。

② 教师先设定一个基本速度,请学生拍手记住。

③ 学生根据教师口令中的渐慢节奏,放慢拍手的速度体会渐慢。停止后,教师再引导他们精确地找回原速。

2. 第二环节——音乐听觉和音乐记忆(12 分钟)

（1）复习关于贝多芬生平的重要知识点

① 教师用提问的方式带领学生复习贝多芬的生平。

② 播放贝多芬的《第九交响曲》第二乐章中的片段,感受贝多芬的音乐特点。

（2）演唱二度旋律音程

教师演奏由 c^1 音及 b 音(低音谱表上加一线及上加一间)、b 音及 a 音(低音谱表上加一间及第五线)组成的两个二度旋律音程,请学生依次用 "la" 演唱自己所负责的音符,并注意聆听音高。

> 备注:在开展二度旋律音程模唱时,教师应注意导入音程的相关概念。

3. 第三环节——乐理(18 分钟)

（1）用 MTMA 的方法导入 g 音(低音谱表第四间)的学习

① 教师请学生用最舒服的姿势坐着,闭上眼睛,根据口令深呼吸放松。

注意以下教学都在学生闭眼的情况下进行,在想象中完成。

② 教师请学生想象自己正身处最喜欢、最舒适的地方,并提问:"小朋友们,你们

现在在哪里?请XX小朋友回答我好吗?XX小朋友你能听到什么声音?看到什么东西?"(根据学生的回答再进一步提问其想象场景的具体细节)

③ 教师:"小朋友们,现在请你们想象脑海中有一张纸。这张纸的旁边上放着一支笔,你们希望它是什么颜色的?现在让我们用这支笔在纸上开始画五线谱吧。"(请学生根据教师的引导按照从低到高、从第一线到第五线的顺序画五线谱)

④ 教师:"你们的五线谱画好了吗?还记得我们学过的低音谱表上的 c^1、b、a 音吗?让我们一起在想象世界中的五线谱上画一下 c^1、b、a 音吧。"(教师可根据学生的情况自由选择音符复习)"你们觉得比 a 音更低的 g 音应该画在五线谱上的什么位置呢?我们现在试试吧!"

⑤ 教师再次用温和的语气请学生根据口令深呼吸放松,并缓缓睁开眼睛。

(2)用听、唱、写的方式学习 g 音(低音谱表第四间)

① 教师请大家尝试唱一唱比 a 音更低的音高,导入 g 音的学习。

② 教师在黑板上画出低音谱号和 g 音,并用钢琴演奏 g 音,请学生模唱。

备注: 学习新的音符时,教师可引导学生通过模唱来建立音高概念。

(3)复习高音谱表中已学的音符

教师画高音谱号和 c^1、b 音,教师说音名,请学生在黑板上依次圈出相应的音符,并导入二度音程的概念。

(4)学习八分音符时值

① 学生通过刷牙的律动练习,感受八分音符的时值。

② 教师解释八分音符的概念——有一个实心的符头、一根符干、一条符尾,时值为四分音符的一半。

4. 第四环节——器乐学习的预备练习(3分钟)

(1)复习手臂肌肉放松练习

① 复习侧平举手臂肌肉放松练习。

② 复习前平举手臂肌肉放松练习。

(2)学习腕部放松动作

① 请学生根据教师口令,双腕向外转圈画圆,注意手腕放松。

② 请学生根据教师口令,双腕向内转圈画圆,注意手腕放松。

备注: 学习腕部放松动作时,学生需根据教师口令双腕向外或向内转圈,建立"腕部的状态并非是固定的"概念。

课后总结及布置家庭作业（2分钟）

1. 教师引导学生总结课堂重点
2. 布置作业

（1）根据兴趣选择海顿的四重奏、巴赫的歌曲、莫扎特的歌剧聆听

（2）欣赏贝多芬的《第九交响曲》

（3）复习二拍子和三拍子的指挥图示和步行（可使用节拍器），加入对已学的音乐表情术语的运用

（4）复习跳音和休止符的概念，体会渐慢、回原速时的律动

（5）复习高音谱表上的七个基本音，低音谱表上的 c^1、b、a、g 音，以及全音符、二分音符、四分音符和八分音符的写法

（6）以吹气的方式练习渐强、渐弱

（7）每天根据口令做手臂肌肉放松练习和腕部放松动作

第 17 课

教学目标 & 知识重点

1. 强化音乐听觉训练，进入思考音乐听觉的学习阶段
2. 学习 Accelerando（渐快）的速度概念
3. 加强对不同作曲家音乐风格的辨识
4. 演唱二声部，建立初步的复合声部听觉
5. 感受并学习 f 音（低音谱表第四线）

教材准备

1. 与插画有关联的音乐绘本
2. 关于贝多芬的故事资料

教具准备

钢琴

教学内容及过程

1. 第一环节——音乐感知与认知（15分钟）

（1）音乐表情术语与体态律动的练习

① 教师在黑板上写由音乐表情术语及拍号组合而成的选择题，并用拍鼓加步行的方式进行符合题目内容范围的节奏律动表演。每一题教师可演奏三遍。

第一题：教师在黑板上写音乐表情术语 Forte、Piano、Allegro、Adagio，以及二拍子与三拍子的拍号。

第二题：教师在黑板上写音乐表情术语 Mezzo forte、Mezzo piano、Adagio、Andante，以及二拍子与三拍子的拍号。

第三题：教师在黑板上写音乐表情术语 Piano、Mezzo piano、Moderato、Allegro、Accente，以及二拍子与三拍子的拍号。

第四题：教师在黑板上写音乐表情术语 Forte、Mezzo forte、Cantabile、Staccato、Adagio、Moderato，以及二拍子与三拍子的拍号。

② 请学生在黑板上勾出自己听到的拍号及音乐表情术语。

（2）练习 Ritenuto（渐慢）的律动

教师设定一个基本速度，请学生用拍手加步行的方式表现 Ritenuto（渐慢）的体态律动，并找回原速。

（3）学习音乐表情术语 Accelerando（渐快）

① 教师用拍鼓的方式表演 Accelerando（渐快）并回到原速，引导学生说出这段鼓声在节奏和速度上的变化。

② 教师阐述 Accelerando（渐快）的概念，请学生注意渐快的意思指的是从原来的速度逐渐变快，而不是突快。

③ 教师将学生分成两组，由教师先设定一个基本速度，第一组学生根据速度用步行的方式做体态律动，然后根据教师口令节奏的变化加快脚步体会渐快。

④ 第一组学生的体态律动完全停止后，第二组学生根据教师的口令，用步行的方式找回原速。第一轮练习结束后，两组学生交换任务，进行第二轮练习。

备注：1. 教师用鼓声表演时，尽可能使用夸张的肢体语言。
2. 学生对音乐表情术语不太熟悉时可使用简化标记。

2. 第二环节——音乐听觉和音乐记忆（15分钟）

（1）复习有关弦乐四重奏、交响乐、歌剧，以及海顿、贝多芬、莫扎特生平的重要知识点

（2）欣赏海顿、贝多芬、莫扎特的作品片段

教师播放海顿的《第三号弦乐四重奏》(Op.71 No.3)第四乐章、贝多芬的《命运交响曲》第一乐章、莫扎特的歌剧选段《亲爱的夫人,请看这张名单》(选自《唐乔瓦尼》)的音频,请学生讲一讲他们想象的音乐画面,并判断节拍、音乐表情术语以及作品的曲作者。

(3)聆听分解和弦并进行模唱

教师在 c^1 音至 b 音(高音谱表下加一线至第三线)和 b 音至 g 音(低音谱表上加一间至第四间)范围内选择三个音组成分解和弦(大三和弦、小三和弦),请学生用"la"依次模唱音高。

> **备注:** 演唱分解三和弦时注意观察学生的能力,能力较强的学生可负责演唱完整的三和弦。

(4)童谣游戏

① 教师展示《童谣绘本》中的插画13——告别,提问学生图中的主要颜色是什么。

② 教师引导学生感知色彩,将色彩与生活联系在一起。例如:"小朋友们,看到XX颜色你能想到什么,感受到什么呢?这种颜色能让你联想到怎样的温度?"

③ 教师与学生一起看图编故事,引导学生讲述故事主线及重点:小朋友与天鹅告别时氛围很忧伤。

④ 教师用钢琴演奏与插画配套的儿歌片段,引导学生感知旋律(有声音乐)与休止符(无声音乐)的差异。

> **备注:** 教师可在每个乐句的结尾增加一次全休止,引导学生说出无声音乐(休止符)所表达的故事情节和情绪。

(5)开心地表演音乐故事

① 引导学生确认每段旋律与相应角色间的关系。

② 引导学生放松身体,跟着音乐沉浸到插画的角色中,表演故事的内容并大声歌唱(学生根据音乐的段落依次进行表演)。

3. 第三环节——乐理(15分钟)

(1)复习学过的音符

① 将学生分成两组,教师负责打拍。

② 教师请第一组学生演唱固定音符 c^1(中央C),同时,第二组学生依次唱低音谱表上的 b、a、g 音,完成后再换组进行练习。

（2）用听、唱、写的方式学习 f 音（低音谱表第四线）

① 教师请大家尝试唱一唱比 g 音更低的音高，导入 f 音的学习。

② 教师在黑板上画低音谱号和 f 音，引导学生学习相关知识。

③ 教师用钢琴演奏 f 音，请学生仔细聆听并模唱。

备注：学习 f 音前，教师引导学生先尝试唱出其音高，建立音符的听觉概念。

（3）复习高音谱表上的七个基本音

教师画高音谱表上的 c^1 音至 b 音，请学生根据所听到的音符唱名，依次在黑板上圈出相应的音符。

（4）复习全音符、二分音符、四分音符和八分音符的时值

① 教师演唱全音符、二分音符、四分音符和八分音符，请学生说出音符的名称。

② 教师在黑板上设计一条二至三小节长度的二拍子节奏题，请学生打拍子，并念打节奏。

4. 第四环节——器乐学习的预备练习（3分钟）

（1）复习相关的放松练习

① 复习侧平举手臂肌肉放松练习。

② 复习前平举手臂肌肉放松练习。

③ 复习腕部放松练习。

备注：请学生注意及时调整肌肉放松状态。

课后总结及布置家庭作业（2分钟）

1. 教师引导学生总结课堂重点

2. 布置作业

（1）根据兴趣选择海顿的四重奏、巴赫的歌曲、莫扎特的歌剧、贝多芬的交响乐聆听，引导学生描述音乐联想中的画面

（2）复习二拍子和三拍子的指挥图示和步行（可使用节拍器），加入对已学的音乐表情术语的运用

（3）复习渐快、渐慢和回原速的律动

（4）复习高音谱表上的七个基本音，低音谱表上的 c^1、b、a、g、f 音，以及全音符、二分音符、四分音符和八分音符的写法

（5）以吹气的方式练习渐强、渐弱

（6）每天根据口令做手臂肌肉放松练习和腕部放松练习

第 18 课

教学目标 & 知识重点

1. 加强节奏与乐感的练习
2. 了解作曲家肖邦，感受他的音乐风格
3. 进一步了解休止符的意义，学习全休止符
4. 加强三和弦的演唱练习
5. 感受并学习 e 音（低音谱表第三间）

教材准备

关于肖邦的故事资料

教具准备

钢琴

教学内容及过程

1. 第一环节——音乐感知与认知（15 分钟）

（1）节奏念打练习

① 教师出第一道题（见图 18.1），请学生根据规定的音乐表情术语与拍号，用"da"念出节奏型，并用手打拍。

图 18.1　题目 1

② 教师简要解释 $\frac{2}{4}$ 拍及谱面各种标记的含义。

③ 教师出第二道题（见图 18.2），请学生根据规定的音乐表情术语与拍号，用"da"

念出节奏型,并用手打拍。

图 18.2　题目 2

④ 教师简要介绍 $\frac{3}{4}$ 拍及附点二分音符。

⑤ 第三、第四道题由教师写音符前两题自行编写,学生填写音乐表情术语、速度、拍号后,边打拍子边念打节奏。

（2）音乐表情术语与体态律动的练习

① 复习表示渐快、渐慢、回原速的音乐表情术语。

② 教师设定一个基本速度,请学生用踏步的方式,做渐快、渐慢的体态律动练习,并找回原速。

> **备注**:学生如果不熟悉音乐表情术语,可用简化符号表示。

2. 第二环节——音乐听觉和音乐记忆（12 分钟）

（1）复习巴洛克时期、古典主义时期代表作曲家的生平知识点

① 教师提问学生:"巴洛克时期、古典主义时期的代表作曲家分别有哪些？"

② 教师引导学生说出部分作曲家的音乐风格及生平重点。

（2）导入浪漫主义时期音乐风格的概念,了解肖邦的生平

① 教师讲述:在西方音乐史上,古典主义时期之后是浪漫主义时期。

② 教师解释浪漫主义时期的音乐特点是华丽、优美、抒情,并简要介绍浪漫主义时期被称为"钢琴诗人"的作曲家、钢琴家肖邦。

图 18.2　肖邦肖像

③ 教师讲述肖邦的生平。

④ 请学生欣赏肖邦的音乐片段:《b小调谐谑曲》(Op.20 No.1)与《革命练习曲》(Op.10 No.12)。

备注: 教师注意强调浪漫主义时期音乐的特点。

3. 第三环节——乐理(18分钟)

(1) 二声部演唱练习

① 将学生分成两组进行演唱,教师打拍。

② 请第一组学生演唱固定音符 c^1(中央C),同时,第二组学生依次演唱低音谱表上的b、a、g、f音。该练习旨在让学生形成二度至五度的音程概念。

(2) 三和弦演唱练习

① 教师在黑板上画五线谱、高音谱号、$\frac{4}{4}$拍拍号,依次记写 c^1、d^1、e^1、f^1、g^1 五个全音符,并在 d^1、f^1 两音上方标注"X"记号。

② 请学生边打拍边演唱,遇到标有"X"记号的音时打拍默唱。该练习的目的是为全休止符的学习进行铺垫,换一种方式唱三和弦。

(3) 学习全休止符

① 教师强调休止符的概念——没有声音的音乐。

② 教师阐述全休止符的概念:全休止符表示休止一整个小节或者休止一个全音符的长度。

(4) 用 MTMA 的方法导入 e 音(低音谱表第三间)的学习

① 教师请学生用最舒服的姿势坐着,闭上眼睛,根据口令深呼吸放松。

注意以下教学都在学生闭眼的情况下进行,在想象中完成。

② 教师请学生想象自己正身处最喜欢、最舒适的地方,并提问:"小朋友们,你们现在在哪里?请XX小朋友回答我好吗?XX小朋友你能听到什么声音?看到什么东西?"(根据学生的回答再进一步提问想象场景的具体细节)

③ 教师:"小朋友们,现在请你们想象脑海中有一张纸。这张纸的旁边放着一支笔,你们希望它是什么颜色的?现在让我们用这支笔在纸上开始画五线谱吧。"(请学生根据教师的引导按照从低到高、从第一线到第五线的顺序画五线谱)

④ 教师:"你们的五线谱画好了吗?还记得我们学过的低音谱表上的 c^1、b、a、g、f 音吗?让我们一起在想象世界中的五线谱上画一下 c^1、b、a、g、f 音吧。"(教师可根据学生的情况自由选择音符)"你们觉得比 f 音更低的 e 音应该画在五线谱上的什么位置呢?我们现在试试吧!"

⑤ 教师再次用温和的语气请学生根据口令深呼吸放松,并缓缓睁开眼睛。

> 备注：练习完毕后，教师请学生在黑板上轮流画出指定的音符（已学的低音谱表上的 c^1 音至 f 音）。

（5）用听、唱、写的方式学习 e 音（低音谱表第三间）

① 教师请学生尝试唱一唱比 f 音更低的音高，导入 e 音的学习。

② 教师在黑板上画五线谱、低音谱号和 e 音，引导学生学习相关概念。

③ 教师在钢琴上弹奏 e 音，请学生大声模唱。

4. 第四环节——器乐学习的预备练习（3 分钟）

（1）复习指根运动

① 指根运动需坐着进行，教师先请学生面对教师坐好。

② 请学生将双臂向前平举，注意不要耸肩，手指向上依次抬指，指根积极运动。

③ 演练一遍后，教师给出口令，请学生根据教师的口令抬对应的手指。

（2）复习手臂肌肉放松练习和腕部放松练习

① 复习侧平举手臂肌肉放松练习。

② 复习前平举手臂肌肉放松练习。

③ 复习腕部放松练习。

> 备注：请学生注意及时调整肌肉紧张状态。

课后总结及布置家庭作业（2 分钟）

1. 教师引导学生总结课堂重点

2. 布置作业

（1）每天听肖邦的夜曲、圆舞曲、协奏曲等作品

（2）复习二拍子和三拍子的指挥图示和步行（可使用节拍器），加入对已学的音乐表情术语的运用

（3）复习渐快、渐慢和回原速的律动

（4）复习高音谱表上的七个基本音，低音谱表上的 c^1、b、a、g、f、e 音，以及全音符、二分音符、四分音符、八分音符和全休止符的写法

（5）以吹气的方式练习渐强、渐弱

（6）每天根据口令做手臂肌肉放松练习、腕部放松练习和指根运动

第 19 课

教学目标 & 知识重点

1. 感受 Allegretto（小快板）的速度特点
2. 感知 Pianissimo（很弱，简写为 "*pp*"）力度的声音
3. 加深对肖邦音乐风格的了解
4. 了解圆舞曲和前奏曲的形式
5. 学习二分休止符
6. 加强对三和弦与调性之联系的感知

教材准备

1. 与插画有关联的音乐绘本
2. 有关肖邦的资料及作品音频
3. 《巴赫初级钢琴曲集》

教具准备

钢琴

教学内容及过程

1. 第一环节——音乐感知与认知（18 分钟）

（1）在音乐中感受 Allegretto（小快板）的速度

① 聆听并感受小步舞曲的速度。

② 教师带领学生用小快板的速度数三拍子。

（2）在对比聆听中学习音乐表情术语 Allegretto（小快板）

① 教师演奏《巴赫初级钢琴曲集》的第一首《小步舞曲》中的第一至八小节。第一遍用 Allegro 的速度演奏，请学生感受速度是否太快，猜一猜在节拍器上的速度值。

② 第二遍用 Adagio 的速度演奏，请学生感受速度是否太慢，猜一猜在节拍器上的速度值。

③ 第三遍用 Moderato 的速度演奏，请学生感受速度是否不够快，猜一猜在节拍器上的速度值。

④ 第四遍用 Allegretto 的速度演奏，请学生边拍手边感受音乐的律动。

（3）学习 Allegretto（小快板）的概念

① 教师在黑板上写下 Allegretto,请学生跟着教师大声朗读。
② 教师讲述小快板的概念。

（4）节奏念打练习

① 教师出题,请学生根据音乐表情术语用"da"打拍子念节奏。

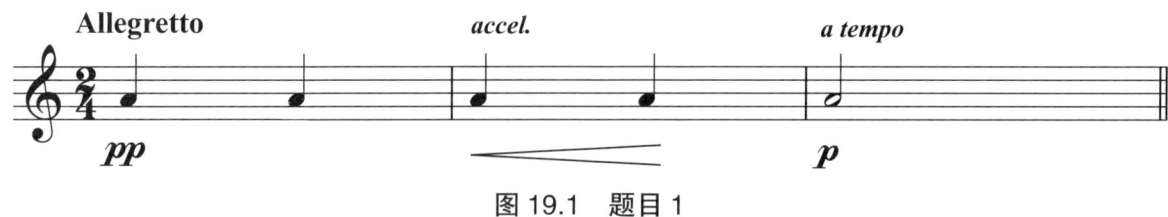

图 19.1　题目 1

② 请学生互相出题,并作答。

> 备注:在用音乐表情术语 Pianissimo 的力度唱谱时,注意引导学生感知 Pianissimo 的力度。

2. 第二环节——音乐听觉和音乐记忆（12 分钟）

（1）复习有关肖邦生平的重要知识点

（2）学习圆舞曲的风格与特点,欣赏肖邦圆舞曲片段

① 教师展示《童谣绘本》中的插画 15——圆舞曲,讲述圆舞曲的概念（圆舞曲又名"华尔兹",是奥地利的一种三拍子民间舞蹈,风格华丽。第一拍是重拍,跳舞时采用旋转式的舞姿）。

② 欣赏肖邦的《圆舞曲》（Op.69 No.2）的片段,教师引导学生根据圆舞曲三拍子的律动数拍。

（3）了解前奏曲的曲式特点,欣赏肖邦的《雨滴前奏曲》

① 教师介绍前奏曲的形式:它在音乐中起故事开场白的作用。肖邦一共写了 24 首前奏曲。

② 欣赏《雨滴前奏曲》,教师引导学生想象——乐曲开头就像雨滴渐渐沥沥地滴落到水塘中。

> 备注:在欣赏音乐时,注意引导学生进行音乐联想。

（4）童谣游戏

① 教师展示《童谣绘本》中的插画 14——探戈,提问学生图片中主要的颜色是什么。

② 教师引导学生感知色彩,将色彩与生活联系在一起。例如:"小朋友们,看到 XX 颜色你能想到什么,感受到什么? 这种颜色能让你联想到怎样的温度?"

（5）通过故事画面想象故事情节

① 教师引导学生讲述故事主线及重点：两位舞者热情地跳着探戈。

② 教师引导学生描绘故事细节，并与学生一起看图编故事。

③ 教师演奏与插画相关的儿歌片段，引导学生感知探戈舞蹈的独特律动。

（6）音乐故事表演

① 教师演奏与插画相关的儿歌片段，引导学生聆听并感受探戈的独特律动。

② 教师引导学生确认每段旋律与相应角色间的关系。

③ 教师引导学生放松身体，跟着音乐沉浸到插画的角色中，表演故事的内容并大声歌唱（学生根据音乐的段落依次进行表演）。

3. 第三环节——乐理（15分钟）

（1）演唱二声部

将学生分成两组，教师打拍子，请一组学生唱c^1（中央C），另一组学生依次唱低音谱表上的b、a、g、f、e音，随后换组练习。

（2）学习二分休止符

① 教师在黑板上画五线谱、高音谱号、$\frac{4}{4}$拍拍号，在第一小节中画全音符的d^1音；在第二小节中画全休止符；在第三小节中画两个二分音符的f^1音，并在第二个音的上方标注"X"记号；在第四小节中画全休止符；在第五小节中画全音符的a^1音。

② 请学生边打拍边演唱，遇到全休止和标有"X"记号的小节时，打拍默唱。

③ 教师将题目中标有"X"记号的音擦去，换成二分休止符，导入二分休止符的学习。

（3）比较全休止符与二分休止符的差异

教师用对比的方式引导学生说出全休止符与二分休止符在写法和时值上的不同。

（4）强化大小调的概念

教师设计与大三和弦有关的题目，并与小三和弦作对比，强化大小调的概念。

> **备注：** 1. 注意在演唱练习中导入大小三和弦的学习内容，强化大小调的概念。
>
> 2. 强调休止的概念——没有声音的音乐。

（5）用MTMA的方法有选择性地复习低音谱表上的音符

① 教师请学生用最舒服的姿势坐着，闭上眼睛，根据口令深呼吸放松。

注意以下教学都在学生闭眼的情况下进行，在想象中完成。

② 教师请学生想象自己正身处最喜欢、最舒适的地方，并提问："小朋友们，你们现在在哪里？请XX小朋友回答我好吗？XX小朋友你能听到什么声音？看到什么东西？"（根据学生的回答再进一步提问其想象场景的具体细节）

③ 教师:"小朋友们,现在请你们想象脑海中有一张纸。这张纸的旁边放着一支笔,你们希望它是什么颜色的?现在让我们用这支笔在纸上开始画五线谱吧。"(请学生根据教师的引导按照从低到高、从第一线到第五线的顺序画五线谱)

④ 教师:"你们的五线谱画好了吗?还记得我们学过的低音谱表上的音符吗?让我们一起在想象世界中的五线谱上画一下 c^1、b、a、g、f、e 音吧。"(教师可根据学生的情况自由选择音符复习)

⑤ 教师再次用温和的语气请学生根据口令深呼吸放松,并缓缓睁开眼睛。

4. 第四环节——器乐学习的预备练习(3分钟)

学生根据教师的口令依次复习手臂肌肉放松练习、腕部放松练习和指根运动。

> 备注:请学生注意及时调整耸肩、肌肉僵硬的状态。

课后总结及布置家庭作业(2分钟)

1. 教师引导学生总结课堂重点
2. 布置作业

(1)每天听肖邦的钢琴圆舞曲和前奏曲

(2)复习二拍子和三拍子的指挥图式和步行(可使用节拍器),加入对已学的音乐表情术语的运用

(3)复习渐快、渐慢和回原速的律动

(4)复习高音谱表上的七个基本音,低音谱表上的 c^1、b、a、g、f、e 音,以及全音符、二分音符、四分音符、八分音符、全休止符和二分休止符的写法

(5)以吹气的方式练习渐强、渐弱

(6)每天根据口令做手臂肌肉放松练习、腕部放松练习和指根运动

第 20 课

教学目标 & 知识重点

1. 感受 Presto(急板)的速度特点

2. 感知 Fortissimo（很强,简写为"*ff*"）力度的声音

3. 学习二声部的律动

4. 加强对不同时期作曲家之音乐风格的辨识能力

5. 感受并学习 d 音（低音谱表第三线）

6. 学习掌部肌肉控制练习

教材准备

1. 巴赫、海顿、莫扎特、贝多芬、肖邦的生平资料
2. 即兴演奏的素材
3. 音响资料

教具准备

钢琴

教学内容及过程

1. 第一环节——音乐感知与认知（15 分钟）

（1）音乐片段分析练习

① 教师从 Pianissimo、Piano、Forte、Mezzo piano、Mezzo forte、Allegro、Andante、Adagio、Allegretto、Moderato、Crescendo、Diminuendo、Staccato、Cantabile 中选择几个音乐表情术语,将其融入到音乐片段的演奏中。演奏时,可不定时加入对休止符及 Accelerando、Ritenuto、A tempo 等音乐表情术语的使用。

② 请学生听音乐演奏片段,讲述听到的节拍、音量以及自己对音乐内容进行的艺术想象。教师引导学生听辨休止符,如有渐快或渐慢的速度变化,还可请学生尝试寻找原速的律动。

③ 将学生分成两组,请其根据音乐内容分别用拍手、步行或角色扮演的方式做与音乐相符的体态律动。

（2）学习音乐表情术语 Presto（急板）和 Fortissimo（很强）

① 教师用比较夸张的 Presto 速度与 Fortissimo 力度演奏一段音乐,请学生感受音乐中急促的呼吸感和类似生气的情绪表达。初步学习 Presto 和 Fortissimo 的概念。

② 请学生跟随音乐片段用快速步行的方式做体态律动。

（3）二声部体态律动练习

① 教师将学生分成两组,一组学生负责高声部的体态律动动作,另一组学生负责低声部的体态律动动作。

② 教师同时演奏两个由不同节奏、不同音区与不同音量组合而成的声部,请两组

学生根据教师演奏的音乐做各自负责声部的体态律动,注意要符合音乐内容。

> 备注:1. 在音乐分析练习中,教师注意加上不同的音乐表情术语及休止符。
> 2. 在二声部体态律动练习中,注意二声部的音色及节奏型要设计得有趣。

2. 第二环节——音乐听觉和音乐记忆(12分钟)

(1)复习有关巴赫、海顿、莫扎特、贝多芬、肖邦生平的重要知识点

(2)复习以上五位作曲家的音乐风格特点

① 巴赫——巴洛克时期作曲家,音乐风格严肃、庄重。

② 海顿、莫扎特——古典主义时期作曲家,前者的音乐风格幽默,后者的音乐如孩童般纯粹。

③ 贝多芬——横跨古典主义时期与浪漫主义时期的作曲家,音乐风格坚毅且富有激情。

④ 肖邦——浪漫主义时期作曲家,音乐风格抒情、优美、华丽。

(3)请学生欣赏不同作曲家的音乐片段,并说出作曲家的名称

> 备注:1. 在欣赏音乐片段时,引导学生说出音乐的节拍、音量与表达的音乐内容。
> 2. 音乐欣赏的推荐曲目单:海顿《G大调钢琴三重奏》(Op.15 No.25)第三乐章,莫扎特《D大调小夜曲》(K239 No.6)第三乐章,肖邦《降E大调夜曲》(Op.9 No.2),巴赫《勃兰登堡协奏曲》(BWV.1050 No.5)第二乐章,贝多芬《降E大调交响曲》(Op.55 No.3)第一乐章。

3. 第三环节——乐理(18分钟)

(1)请学生在高音、低音谱表中画出已学的音符

① 教师在黑板上画一个高音谱表和一个低音谱表。

② 教师请学生轮流在黑板上画出已学的高音谱表上的 c^1 音至 b^1 音,低音谱表上的 c^1—e 音。

③ 教师为每名学生指定一个音符,并引导他们打拍演唱。

(2)用听、唱、写的方式学习 d 音(低音谱表第三线)

① 教师请学生尝试唱一唱比 e 音更低的音高,导入 d 音的学习。

② 教师在黑板上画低音谱号和 d 音,引导学生学习。

③ 教师在钢琴上演奏 d 音,请学生大声模唱。

(3)视唱练习

① 教师在黑板上写一条两小节长度的大谱表旋律(含拍号和不同节奏型),请学生分别演唱高音谱表及低音谱表上的单声部旋律。

② 教师为学生分组,引导学生合作演唱不同的声部。

备注: 请学生在演唱中注意调节节奏和音准。

4. 第四环节——器乐学习的预备练习(3分钟)

(1)复习手臂肌肉放松练习、腕部放松练习和指根运动

① 复习侧平举手臂肌肉放松练习。

② 复习前平举手臂肌肉放松练习。

③ 复习腕部放松练习。

④ 复习指根运动。

(2)学习掌部肌肉控制动作

① 请学生端坐在桌边。

② 请学生将双手放在桌面上,手掌如握鸡蛋般,手指向下抓好撑住。注意手腕平稳,不要拱起。

备注: 请学生注意及时调整耸肩、肌肉僵硬的状态。

课后总结及布置家庭作业(2分钟)

1. 教师引导学生总结课堂重点

2. 布置作业

(1)每天根据兴趣选择五位作曲家的音乐作品聆听

(2)复习二拍子和三拍子的指挥图示和步行(可使用节拍器),加入对已学的音乐表情术语的运用

(3)复习渐快、渐慢和回原速的律动

(4)复习高音谱表和低音谱表上的七个基本音,以及全音符、二分音符、四分音符、八分音符、全休止符和二分休止符的写法

(5)以吹气的方式练习渐强、渐弱

(6)每天根据口令做手臂肌肉放松练习、腕部放松练习、指根运动和掌部肌肉控制练习

第 21 课

教学目标 & 知识重点

1. 学习 c 音（低音谱表第二间）
2. 学习四分休止符
3. 加强二声部律动和音准的练习
4. 通过听觉练习思考音乐内涵
5. 学习简单的读谱，培养良好的读谱习惯（可以同时做到识音符、识节奏、读表情记号并用乐感演唱）
6. 加强掌部肌肉控制练习

教材准备

1. 与插画有关联的音乐绘本
2. 音响资料

教具准备

钢琴

教学内容及过程

1. 第一环节——乐理（14 分钟）

（1）音符演唱练习

① 教师在黑板上书写之前已学的音符，如下：

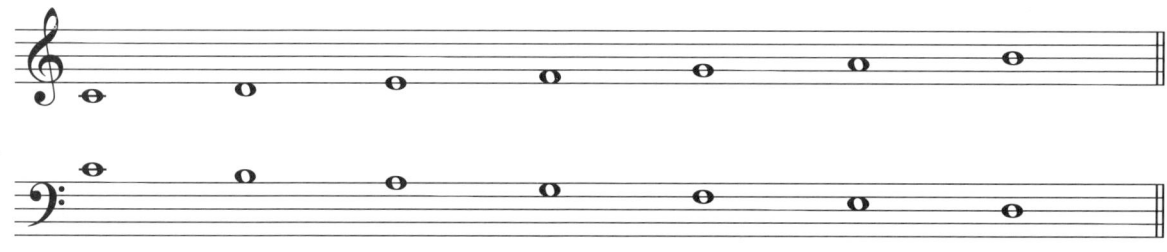

图 21.1　已学音符

② 教师带领学生演唱图 21.1，做音准练习。

（2）用 MTMA 的方法复习低音谱表上的 c^1 音至 d 音，导入 c 音（低音谱表第二间）的学习

① 教师请学生用最舒服的姿势坐着，闭上眼睛，根据口令深呼吸放松。

注意以下教学都在学生闭眼的情况下进行,在想象中完成。

② 教师请学生想象自己正身处最喜欢、最舒适的地方,并提问:"小朋友们,你们现在在哪里?请XX小朋友回答我好吗?XX小朋友你能听到什么声音?看到什么东西?"(根据学生的回答再进一步提问其想象场景的具体细节)

③ 教师:"小朋友们,现在请你们想象脑海中有一张纸。这张纸的旁边放着一支笔,你们希望它是什么颜色的?现在让我们用这支笔在纸上开始画五线谱吧。"(请学生根据教师的引导按照从低到高、从第一线到第五线的顺序画五线谱)

④ 教师:"你们的五线谱画好了吗?还记得我们学过的低音谱表上的音符吗?让我们一起在想象世界中的五线谱上画一下c、b、a、g、f、e、d音吧。"(教师可根据学生的情况自由选择音符复习)"你们觉得比d音更低的c音应该画在五线谱上的什么位置呢?我们现在试试吧!"

⑤ 教师再次用温和的语气请学生根据口令深呼吸放松,并缓缓睁开眼睛。

(3)学习c音(低音谱表第二间)

① 请学生尝试演唱比d音更低的音,导入c音的学习。

② 教师在黑板上画低音谱号和c音,并讲述相关概念。

③ 教师用钢琴演奏c音,请学生仔细聆听并模唱。

(4)导入四分休止符的概念

① 教师设计一道一小节长度的 $\frac{2}{4}$ 拍节奏题(标明拍号):在第一拍上写一个四分休止符,在第二拍上写一个四分音符。

② 请学生说出题中休止符的时值,导入四分休止符的概念(四分休止符的时值等于一个四分音符的时值)。

③ 教师引导学生学习四分休止符的写法。

④ 复习全音符、二分音符、四分音符、八分音符、全休止符和二分休止符的写法。

> **备注:** 请学生注意音准要精确。

2. 第二环节——音乐感知与认知(13分钟)

(1)二声部演唱练习

① 教师根据学生的学习状态选择谱例难度,在黑板上写一段三小节长度的大谱表旋律。如下:

图21.2 三小节长度的大谱表旋律1

② 教师请学生分别把图 21.2 中的不同声部旋律演唱出来,注意音准。
③ 分别唱完后,教师再请学生分组进行二声部演唱。
④ 二声部演唱结束后,教师在钢琴上将图 21.2 中的旋律演奏一遍。
（2）演唱有难度的新谱例
① 教师再写一段三小节长度的大谱表旋律。如下：

图 21.3　三小节长度的大谱表旋律 2

② 教师请学生分别把图 21.3 中的不同声部旋律演唱出来,注意音准。
③ 分别唱完后,教师再请学生分组进行二声部演唱。
④ 二声部演唱结束后,教师在钢琴上将图 21.3 中的旋律演奏一遍。

备注:注意题目中需含有高音、低音谱表及其他已学知识点,如音符、节奏、休止符、音乐表情术语等。

（3）时钟节奏游戏
① 教师将学生分成两组完成时钟节奏游戏。
② 一组学生面朝外站着围成圈,用拍手的方式表现八分音符,扮演"秒针";另一组学生扮演"分针",在"秒针"组的外围面朝里围成一个更大的圈,以四分音符为一拍,用身体左右摇摆的方式进行律动。
③ 待练习熟练后,教师用演唱二分音符的方式扮演"时针"。若练习顺利,教师可同时在钢琴上弹奏全音符,用增加一个声部的方式加大游戏难度。
④ 第一轮练习完成后,请学生互换角色进行第二轮练习。

备注:在游戏律动中,学生可以用"滴答"的口令来稳定自己的节奏不受干扰。

3. 第三环节——音乐听觉和音乐记忆（18 分钟）

（1）欣赏《天鹅》（选自圣－桑《动物狂欢节》）的音乐片段
① 教师请学生欣赏圣－桑《天鹅》,并辨认音乐属于哪个时期。
答案:浪漫主义时期

② 教师请学生回答《天鹅》的速度、拍子与调式。

答案：柔板，六拍子（也可说三拍子，解释六拍子是两个三拍为一小节），大调

> **备注：** 教师可根据学生的反应能力适当增加乐段的播放次数。

③ 教师提示这首乐曲是采用关于动物的主题创作而成的，请学生回答音乐描写的是哪种动物。

④ 教师讲述：这段音乐选自由法国浪漫主义时期作曲家圣-桑创作的《动物狂欢节》。

（2）欣赏《大象》（选自圣-桑《动物狂欢节》）的片段

① 教师请学生欣赏圣-桑的《大象》（片段），并回答音乐的速度、拍子与调式。

答案：小快板，三拍子，大调式

② 请学生回答音乐描写的是哪种动物（关键词：笨重、庞大）。

（3）欣赏《狮王进行曲》（选自圣-桑《动物狂欢节》）的音乐片段

① 教师请学生欣赏《狮王进行曲》，并回答音乐中的速度、拍子与调性。

答案：不太快的快板，四拍子，小调（由于调性比较难辨别，教师可在钢琴上演奏调性中的主和弦，协助学生辨别）

② 请学生回答音乐描写的是哪种动物（关键词：如国王般高贵的）。

（4）教师展示与三首曲子对应的图片，请学生再次聆听，并引导其将图片与音乐联系在一起

> **备注：** 欣赏音乐片段时，教师注意引导学生进行简单的音乐分析，内容包含音乐表情术语、节拍、调式调性、艺术想象等。

（5）童谣游戏

① 教师展示《童谣绘本》中的插画 15——圆舞曲，提问学生图片中主要的颜色是什么。

② 教师引导学生感知色彩，将色彩与生活联系在一起。例如："小朋友们，看到 XX 花纹你能想到什么，感受到什么？这种颜色能让你联想到怎样的温度？"

（6）通过故事画面想象故事情节

① 教师引导学生讲述故事主线及重点：舞者们在华丽的宫殿中穿着礼服跳舞。

② 教师引导学生描绘故事细节，并与学生一起看图编故事。

③ 教师演奏与插画有关的儿歌片段，引导学生感知华尔兹舞蹈的律动，了解华尔兹舞蹈。

（7）表演音乐故事

① 教师引导学生确认每段旋律与相应角色间的关系。

② 教师引导学生放松身体，跟着音乐沉浸到插画的角色中，表演故事的内容并大声歌唱（学生根据音乐的段落依次进行表演）。

4. 第四环节——器乐学习的预备练习（3分钟）

（1）复习之前已学的动作

① 复习指根运动。

② 复习掌部肌肉控制练习。

（2）学习手指支撑练习的动作

① 教师请学生端坐在座位上，手背向上，双臂向前平举，手掌如握鸡蛋般，手指向下抓好。

② 学生根据教师口令手臂放松向下掉落，掉落后手型不变手指撑在桌面上，注意手臂肌肉放松时手掌肌肉一直是紧张状态，手腕保持平稳。

备注： 请学生注意及时调整耸肩、肌肉僵硬的状态。

课后总结及布置家庭作业（2分钟）

1. 教师引导学生总结课堂重点

2. 布置作业

（1）欣赏圣-桑《动物狂欢节》，并选择巴赫、海顿、莫扎特、贝多芬、肖邦等作曲家的作品聆听

（2）复习二拍子和三拍子的指挥图示和步行（可使用节拍器），加入对已学的音乐表情术语的运用

（3）复习渐快、渐慢和回原速的律动

（4）复习高音谱表上的七个基本音，低音谱表上的 c^1、b、a、g、f、e、d、c 音，以及全音符、二分音符、四分音符、八分音符、全休止符、二分休止符和四分休止符的写法

（5）每天根据口令做手臂肌肉放松练习、腕部放松练习、指根运动、掌部肌肉控制练习和手指支撑动作练习

第 22 课

教学目标 & 知识重点

1. 学习八分休止符
2. 学习附点二分音符
3. 掌握二声部的律动和音准
4. 通过听觉练习思考音乐内涵
5. 加强读谱练习,培养良好的读谱习惯
6. 复习已学的肌肉及关节控制练习

教材准备

音响资料

教具准备

钢琴

教学内容及过程

1. 第一环节——乐理(15分钟)

(1)音符演唱练习

① 教师请学生在高音谱表上写下四个已学的音符,并准确地将这些音符演唱出来。

② 教师请学生在低音谱表上写下四个已学的音符,并准确地将这些音符演唱出来。

(2)引导学生思考八分休止符的概念

① 教师设计一条四小节长度的 $\frac{4}{4}$ 拍旋律:第一小节使用全休止符,第二小节使用二分休止符,第三小节使用四分休止符,第四小节使用八分休止符。

② 教师引导学生思考八分休止符的时值。

(3)学画八分休止符并解释相关概念

① 请学生跟着教师依次在黑板上学画八分休止符。

② 教师解释八分休止符的概念:八分休止符的时值等于一个八分音符的时值。

备注: 在休止符的学习中,教师应着重引导学生思考不同休止符的长短。

2. 第二环节——音乐感知与认知（13分钟）

（1）导入附点二分音符的时值概念

① 教师在黑板上写一段三小节长度的大谱表旋律。如下：

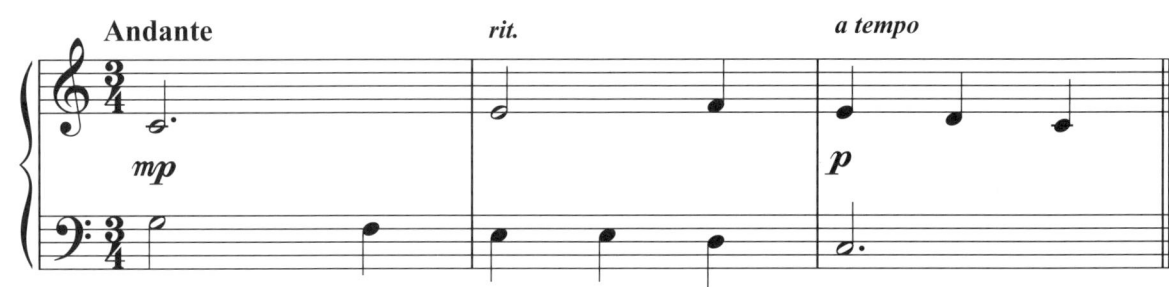

图 22.1　三小节长度的大谱表旋律 3

② 教师请学生分别把图 22.1 中的不同声部旋律演唱出来，注意音准。

③ 分别唱完后，教师再请学生分组进行二声部演唱。

④ 二声部演唱结束后，教师在钢琴上将图 22.1 中的旋律演奏一遍。

（2）演唱稍有难度的新谱例

① 教师再写一段三小节长度的大谱表旋律。如下：

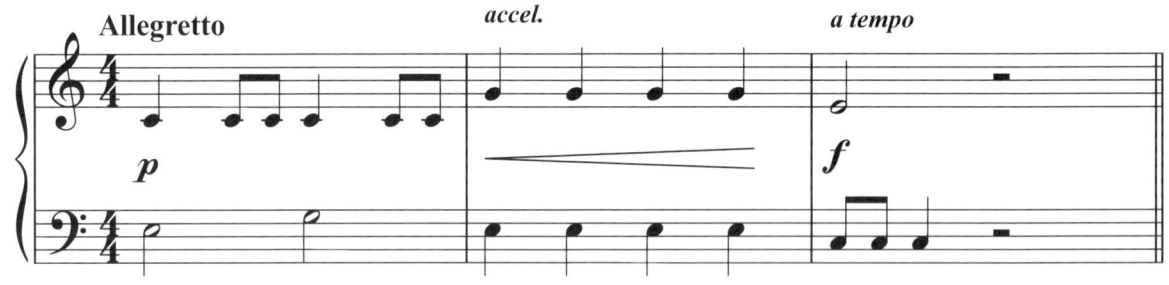

图 22.2　三小节长度的大谱表旋律 4

② 教师请学生分别把图 22.2 中的不同声部旋律演唱出来，注意音准。

③ 分别唱完后，教师再请学生分组进行二声部演唱。

④ 二声部演唱结束后，教师在钢琴上将图 22.2 中的旋律演奏一遍。

（3）时钟节奏游戏

① 教师将学生分成两组完成时钟节奏游戏，此次的时钟设计成有点卡壳的状态。

② 一组学生扮演"秒针"，面朝外站着围成圈，以两个八分音符加一个四分音符为单位拍手（两个八分音符对应两次拍手，一个四分音符对应一次拍手）。另一组学生扮演"分针"，在"秒针"组的外围面朝里围成一个更大的圈，以两个四分音符加一个二分音符为单位进行身体左右摇摆的律动（进行两个四分音符的律动时，身体先向左后向右各摇摆一下，进行二分音符的律动时身体向左摇摆一下）。

③ 待练习熟练后，教师可同时在钢琴上弹奏全音符，用增加一个声部的方式加大

游戏难度。

④ 第一轮练习完成后,请学生互换角色进行第二轮练习。

> 备注:在玩时钟节奏游戏时,学生可使用"滴答"的口令来稳定自己的节奏。

3. 第三环节——音乐听觉和音乐记忆(18分钟)

(1)欣赏《野驴》(选自圣–桑《动物狂欢节》)的音乐片段

① 教师请学生欣赏圣–桑的《野驴》(片段),并回答音乐的速度、拍子与调式。

答案:急板,小调,四拍子

② 教师提示这首乐曲是采用关于动物的主题创作而成的,请学生回答音乐描写的是哪种动物。

③ 教师讲述:这段音乐选自由法国浪漫主义时期作曲家圣–桑的《动物狂欢节》。

(2)欣赏《公鸡与母鸡》(选自圣–桑《动物狂欢节》)的音乐片段

① 教师请学生欣赏圣–桑的《公鸡与母鸡》(片段),并回答音乐的速度、拍子与调式。

答案:快板,四拍子,大调

② 教师请学生回答音乐描写的是哪种动物(关键词:两只鸡、斗嘴)。

(3)欣赏《水族馆》(选自圣–桑《动物狂欢节》)的音乐片段

① 教师请学生欣赏圣–桑的《水族馆》(片段),并回答音乐的速度、拍子与调式。

答案:中速,四拍子,小调

② 教师请学生回答音乐描写的是哪种动物(关键词:水光、鱼群)。

> 备注:欣赏音乐片段时,教师注意引导学生进行简单的音乐分析,内容包含音乐术语、节拍、调式调性、艺术想象等。

4. 第四环节——器乐学习的预备练习(3分钟)

(1)重点复习手臂肌肉放松练习和腕部放松练习

① 复习侧平举手臂肌肉放松练习。

② 复习前平举手臂肌肉放松练习。

③ 复习腕部放松练习。

课后总结及布置家庭作业(2分钟)

1. 教师引导学生总结课堂重点

2. 布置作业

（1）欣赏圣-桑的《动物狂欢节》，并根据兴趣选择巴赫、海顿、莫扎特、贝多芬、肖邦等作曲家的作品聆听

（2）复习二拍子和三拍子的指挥图示和步行（可使用节拍器），加入对已学的音乐表情术语的运用

（3）复习高音谱表上的七个基本音，低音谱表上小字组的七个基本音，以及全音符、二分音符、四分音符、八分音符、全休止符、二分休止符和四分休止符的写法

（4）每天根据口令做手臂肌肉放松练习、腕部放松练习、指根运动、掌部肌肉控制练习和手指支撑动作练习

第23—24课

教学目标 & 知识重点

1. 复习前22课的重要知识点
2. 用游戏的方式加强对节奏和音乐记忆的练习
3. 加强对不同时期音乐风格的辨识学习
4. 练习器乐学习的预备动作

教材准备

1. 与插画有关联的音乐绘本
2. 《汤普森简易钢琴教程》

教具准备

钢琴

教学内容及过程

1. 第一环节——音乐感知与认知（12分钟）

（1）节奏型接龙游戏

① 教师设定一个一小节长度的节奏型，并规定速度，请一名学生念打。

② 教师请第二名学生用规定的速度重复念打相同的节奏型，并加上一小节由自己

设计的新节奏型。

③ 教师请第三名学生继续重复之前的两组节奏型,并加上一小节由自己设计的新节奏型。以此类推,直到有学生记不住节奏型为止。

(2)猜歌名游戏

学生或教师选一首自己喜欢的歌,把歌曲开始部分的节奏型念出来,请其他人猜歌曲名。

> **备注：** 教师注意观察学生的节奏记忆能力,并及时调整记忆方式。

2. 第二环节——音乐听觉和音乐记忆(13分钟)

(1)复习有关已学作曲家生平的重要知识点

① 教师展示已学作曲家的肖像图,请学生说出他们的名字,以及有关他们生平的重点内容(作曲家国籍、音乐风格特点等)。

② 教师请学生欣赏不同的音乐片段,并说出这些片段的曲作者。

③ 教师播放一条两小节左右长度的旋律,请学生模唱。学生模唱前,旋律应至少被播放三遍。

> **备注：** 音乐欣赏的推荐曲目单:海顿的《G大调钢琴三重奏》(Op.15 No.25)第三乐章,莫扎特的《D大调小夜曲》(K239 No.6)第三乐章,肖邦的《降E大调夜曲》(Op.9 No.2),巴赫的《勃兰登堡协奏曲》(BWV.1050 No.5)第二乐章,贝多芬的《降E大调交响曲》(Op.55 No.3)第一乐章。

(2)童谣游戏

① 教师展示《童谣绘本》中的插画16——马戏团,提问学生图片中主要的颜色是什么。

② 教师引导学生感知色彩,将色彩与生活联系在一起。例如:"看到XX颜色你们能想到什么,感受到什么呢?这种颜色能让你们联想到怎样的气氛呢?"

(3)通过故事画面想象故事细节

① 教师引导故事讲述故事主线及重点:马戏团的舞台五光十色,表演的氛围非常热闹。

② 教师引导学生描绘故事细节,并与学生一起看图编故事。

③ 教师演奏与插画相关的儿歌片段,请学生感知儿歌中三个不同的角色,并找到与角色对应的旋律。

（4）表演音乐故事

①教师引导学生确认每段旋律与相应角色间的关系。

②教师引导学生放松身体，跟着音乐沉浸到插画的角色中，表演故事的内容并大声歌唱（学生根据音乐的段落依次进行表演）。

3. 第三环节——器乐学习预备练习（5分钟）

（1）复习所有已学的肌肉及关节练习

①复习手臂肌肉放松练习。

②复习腕部放松练习。

③复习指根运动。

④复习掌部肌肉控制练习。

⑤复习手指支撑动作练习。

> 备注：注意规范学生的动作细节。

4. 第四环节——乐理（18分钟）

（1）复习高音、低音谱表中所有已学的音符

（2）复习所有已学的休止符

（3）教师选择一至三段旋律（每段旋律的长度控制在三至四个小节），请学生模唱

（4）感兴趣的学生可在教师的指点下在钢琴上演奏部分简单的旋律

> 备注：1. 旋律模唱可选择一至三首《汤普森简易钢琴教程》中的曲目片段，或经典儿歌。
> 2. 请学生尝试进行钢琴演奏练习时，教师应注意难度的把握。
> 3. 注意用有趣且多样的方式复习音符和节奏。

课后总结及布置家庭作业（2分钟）

1. 教师引导学生总结课堂重点

2. 布置作业

（1）复习所有已学内容

（2）父母可与孩子一起选择感兴趣的乐器准备学习。若没有合适的乐器，也可选择合唱的形式继续之后的学习

亲子家庭作业

俞湘君 编著

杨孜奕 改编　赖萨吉 插画

目　　录

第 1 课 ·· 1

第 2 课 ·· 2

第 3 课 ·· 3

第 4 课 ·· 4

第 5 课 ·· 5

第 6 课 ·· 6

第 7 课 ·· 7

第 8 课 ·· 8

第 9 课 ·· 9

第 10 课 ··· 11

第 11 课 ··· 13

第 12 课 ··· 15

第 13 课 ··· 17

第 14 课 ··· 18

第 15 课 ··· 19

第 16 课 ··· 20

第 17 课 ··· 22

第 18 课 ··· 24

第 19 课 ··· 25

第 20 课 ··· 27

第 21 课 ··· 29

第 22 课 ··· 31

第 23 — 24 课 ··· 33

第 1 课

1. 小朋友们，下图是什么乐器？

2. 下图中的这位"好朋友"是谁？它能帮助我们做什么？

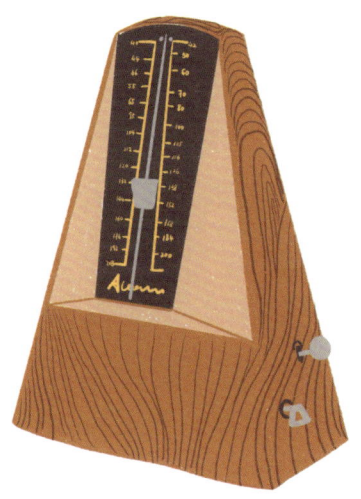

3. 这是哪位作曲家？他是哪个时期的？他是哪个国家的人？

4. 请你听着巴赫的音乐大声歌唱。

5. 请你闭上眼睛,和爸爸妈妈一起听听四周有什么声音?有没有出现新的声音?

6. 指挥家是做什么的?

7. 下图是什么?它有什么作用?请你依次数一数第一线到第五线。

第 2 课

1. 什么是音乐表情术语?

2. Allegro 是什么意思?你可以在节拍器上找到这个速度吗?请试着用这个速度走一走。

3. Adagio 是什么意思?你可以在节拍器上找到这个速度吗?请试着用这个速度走一走。

4. 今天你听了巴赫的音乐吗?请跟着他的音乐大声歌唱。

5. 下图是什么乐器?

6. 请你找一首用管风琴演奏的作品和爸爸妈妈一起聆听。

7. 请你指出五线谱上的四个间分别在什么位置。

第 3 课

1. 下图是什么乐器？

2. 今天你听了巴赫的音乐吗？你最喜欢巴赫的哪首作品？请跟着他的音乐大声歌唱。

3. 音乐表情术语 Piano（*p*）是什么意思？Forte（*f*）又是什么意思？

4. 你还记得音乐表情术语 Allegro 和 Adagio 的意思吗？

5. 高音谱号从哪个字母演变而来？

6. 指挥家的两拍是怎么挥的？

7. 请你试着在五线谱上画一下高音谱号。

第 4 课

1. 下图是什么乐器？

2. 音乐表情术语 Cantabile 是什么意思？

3. 今天你听了巴赫的音乐吗？你最喜欢巴赫的哪首作品？请跟着他的音乐大声歌唱。

4. 音乐表情术语 Piano（*p*）是什么意思？Forte（*f*）又是什么意思？

5. 你还记得音乐表情术语 Allegro 和 Adagio 的意思吗？

6. 高音谱号是从哪个字母演变而来的？你在生活中听到过哪些高音呢？

7. 请你试着在五线谱上画一下高音谱号。

第 5 课

1. 下图是什么乐器?

2. >（Accent）是什么记号?

3. 你还记得音乐表情术语 Cantabile 的意思吗?

4. 音乐表情术语 Accent 和 Cantabile 有什么区别?

5. 下图是哪位作曲家? 他是哪个时期的作曲家? 他来自哪个国家?

6. 今天你听了海顿的哪首作品?

7. 请你画一画 c^1 音（中央 C，高音谱表下加一线）。

第 6 课

1. 你还记得记号 >（Accent）的意思吗？请你和爸爸妈妈一起用力跺脚感受一下重音。

2. 请你试着用 Cantabile 的感觉走一走，比较它与重音的不同。

3. 请你在节拍器上找一个喜欢的速度，并让爸爸妈妈跟着节拍器数一数三拍子。你觉得爸爸妈妈数的拍子准确吗？

4. 请你模仿指挥家挥一挥三拍子。

5. 圆舞曲和小步舞曲的共同点是什么？请你和爸爸妈妈一起欣赏两首舞曲，听一听它们各自有什么特点。

6. 请你向爸爸妈妈介绍一下作曲家海顿。

7. 弦乐四重奏由哪四种乐器组成？请你分别说出下图中 A、B、C、D 代表的乐器名称。

8. 请你画一画 c^1 音（中央 C，高音谱表下加一线）和 d^1 音（高音谱表下加一间）。

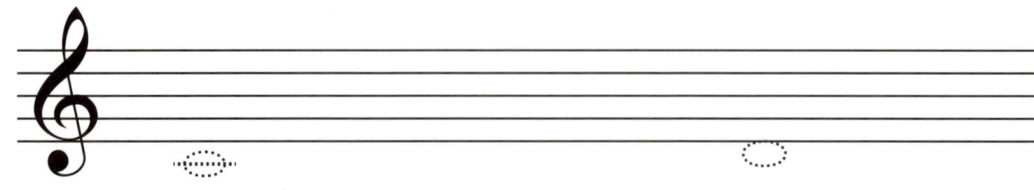

第 7 课

1. 请你将左、右两列中意思相反的音乐表情术语用直线连接起来。

Cantabile	Forte
Piano	Adagio
Forte	Piano
Accent	Allegro
Allegro	Accent
Adagio	Cantabile

2. 请你用 Adagio 的速度在空中画个圈,并邀请爸爸妈妈跟着你画圈的速度做深呼吸,判断他们呼吸的速度是否正确。而后再用 Allegro 的速度试一试。

3. 看到下图的标记你能想象出怎样的声音变化？音乐表情术语 Crescendo 是什么意思？

4. 请爸爸妈妈拍手(力度从弱到强),你跟着爸爸妈妈的拍手声做渐强状的吹气动作。

5. 你听到大调有怎样的感觉？听到小调的感觉又是怎样的？

6. 今天你听了巴赫和海顿的哪些作品？

7. 请你画一画 e^1 音(高音谱表第一线)。

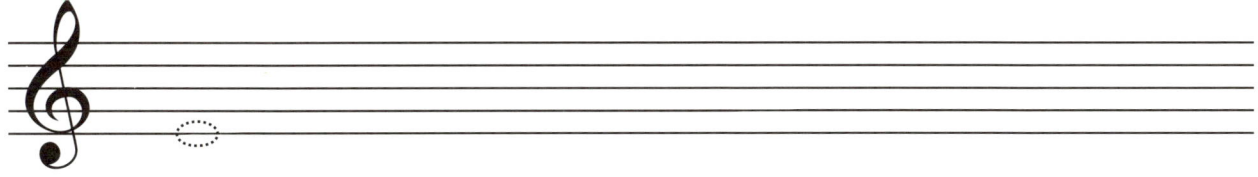

8. 请你大声唱出以下音符。

第 9 课

1. 下图是什么乐器？

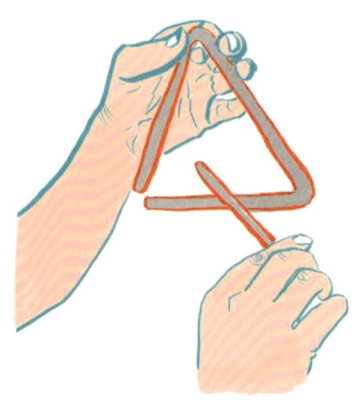

2. 音乐表情术语 Andante 是什么意思？请你和爸爸妈妈用这个速度走一走。

3. 请爸爸妈妈在音乐表情术语 Allegro、Adagio、Andante、Forte、Piano、Accent、Cantabile 中挑一个，并用腿部肢体表达，你来猜一猜是哪个音乐表情术语。

4. 今天你听了巴赫和海顿的哪些作品？在这些作品中你听到了什么乐器的声音？这两位作曲家的音乐听上去有什么不一样的感觉？

5. 钢琴三重奏由哪些乐器组成？

6. 请你画一画 f^1 音（高音谱表第一间）。

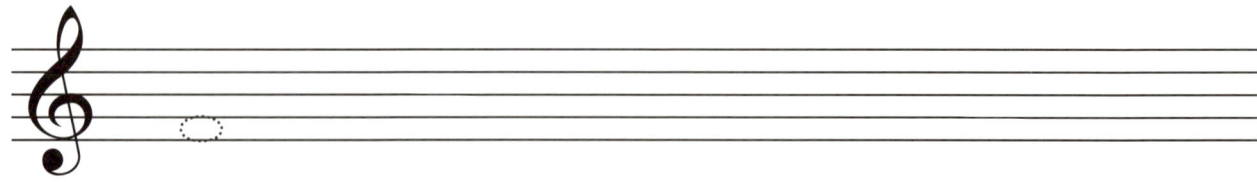

7. 请你画一画 c^1、d^1、e^1、f^1 音（用全音符表示）。

8. 请你大声唱出以下音符。

第 9 课

1. 你和爸爸妈妈最近听到过什么新奇的声音吗?

2. 你还记得指挥家是怎么挥二拍子和三拍子的吗?

3. 下图是哪位作曲家？他是哪个时期的作曲家？他来自哪个国家？

4. 什么是歌剧？你和爸爸妈妈最近听了莫扎特的哪部歌剧？

5. 请你分别把与图1、图2、图3、图4对应的音乐表情术语选项填在图片下方的括号中。

图1　小朋友舒适地在森林里散步　　图2　妈妈温柔地拥抱孩子,氛围温馨有爱
　　（　　　　　　）　　　　　　　　　（　　　　　　）

图3　孩子们跑着放风筝,太阳在微笑　图4　小朋友托腮看窗外的月亮,氛围宁静
　　（　　　　　　）　　　　　　　　　（　　　　　　）

　　A. Cantabile　　B. Allegro　　C. Andante　　D. Adagio

6. 请爸爸妈妈用从弱到强（Crescendo）的力度五下拍手,复习"渐强"的概念。

7. 请你画一画 g^1 音（高音谱表第二线）。

8. 请你画一画 c^1、d^1、e^1、f^1、g^1 音(用二分音符表示)。

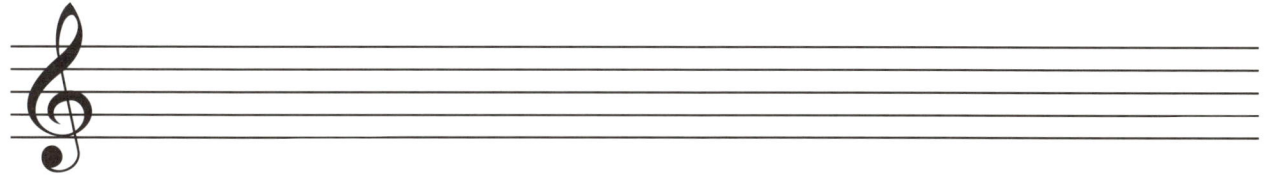

9. 请你大声唱出以下音符。

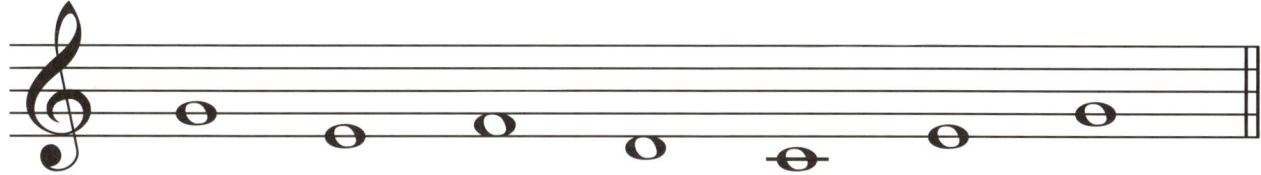

第 10 课

1. 请你分别把与图1、图2、图3对应的作曲家名字选项填在图片下方的括号中。

图1（　　　）　　　　图2（　　　）　　　　图3（　　　）

A. 海顿　　　　　　　B. 莫扎特　　　　　　C. 巴赫

2. 音乐表情术语 Mezzo Piano（*mp*）是什么意思？请你分别用 *p*、*mp*、*f* 的力度制造声音。

3. 这周你和爸爸妈妈一起听了巴赫、海顿、莫扎特的哪些作品？他们的音乐风格有什么不同？

4. 请爸爸妈妈在音乐表情术语 Forte、Mezzo piano、Piano、Accent、Cantabile、Crescendo 中挑一个,并进行两拍或三拍的踏步,你来猜一猜他们表现的是哪个音乐表情术语。

5. 请你画一画 a^1 音(高音谱表第二间)。

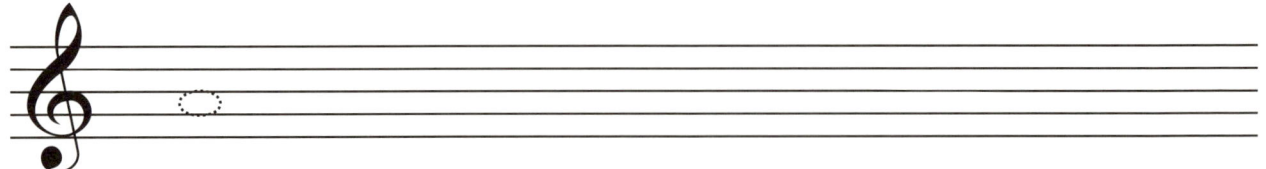

6. 一个全音符等于几个二分音符?请你在天平的另一端填上答案。

7. 请你画一画 c^1、d^1、e^1、f^1、g^1、a^1 音(用全音符表示)。

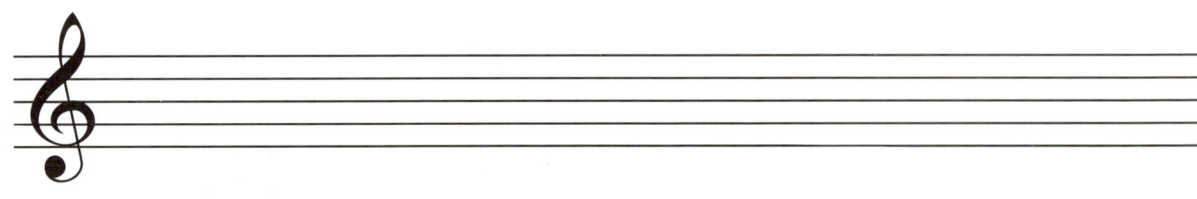

8. 请你画一画 a^1、g^1、f^1、e^1、d^1、c^1 音(用二分音符表示)。

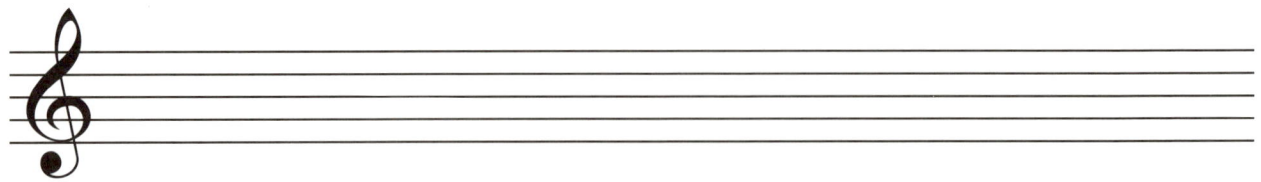

9. 请你大声唱出以下音符。

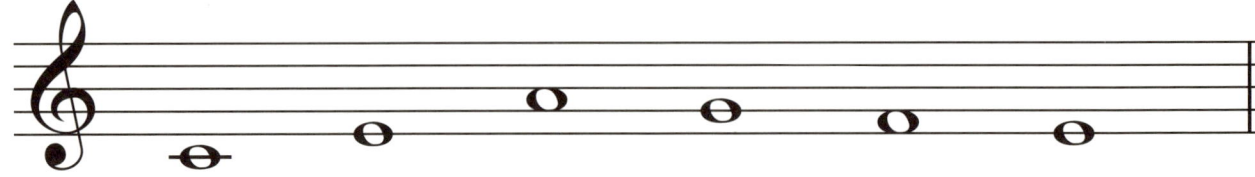

第 11 课

1. 音乐表情术语 Mezzo Forte（*mf*）是什么意思？请你分别用 *p*、*mp*、*mf*、*f* 的力度制造声音。

2. 下图中的音乐阶梯由弱到强排列，请你选出问号处对应的正确选项。

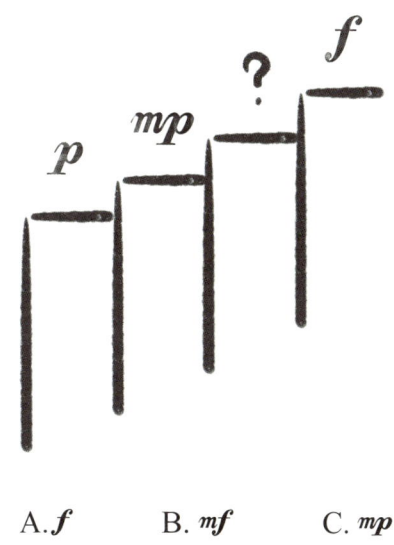

A. *f*　　B. *mf*　　C. *mp*

3. 看到下图的标记你能想象出怎样的声音？音乐表情术语 Diminuendo 是什么意思？请你和爸爸妈妈一起用 Diminuendo 的感觉唱歌。

4. 你最近听了什么音乐作品？在音乐中有没有听到速度为 Allegro、Adagio、Andante 的片段？

5. 请你画一画 b^1 音（高音谱表第三线）。

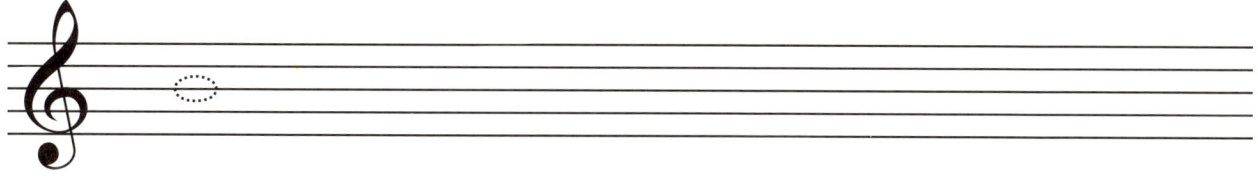

6. 一个二分音符等于几个四分音符？请你在天平的另一端填上答案。

7. 请你画一画 c^1、d^1、e^1、f^1、g^1、a^1 音（用二分音符表示）。

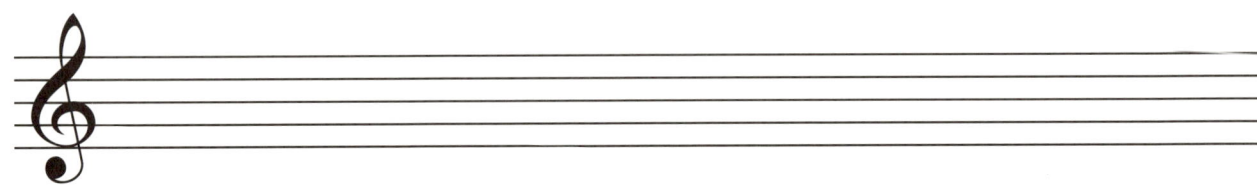

8. 请你画一画 b^1、a^1、g^1、f^1、e^1、d^1、c^1 音（用四分音符表示）。

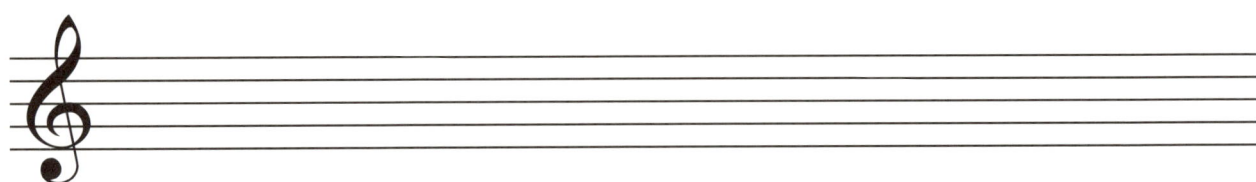

9. 请你大声唱出以下音符。

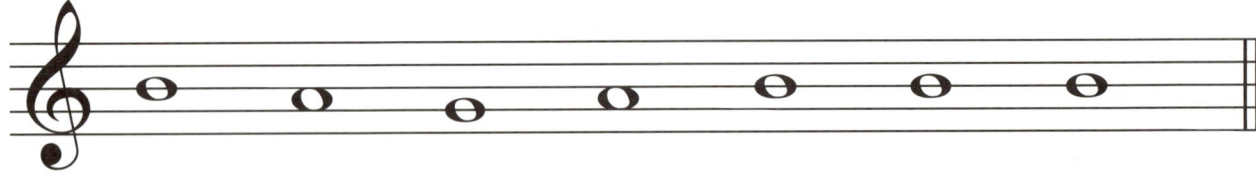

第 12 课

1. 你最近发现了什么新的声音？有没有发明属于自己的乐器？

2. 请你把图 1、图 2、图 3、图 4、图 5、图 6 对应的名称选项填在图片下方的括号中。

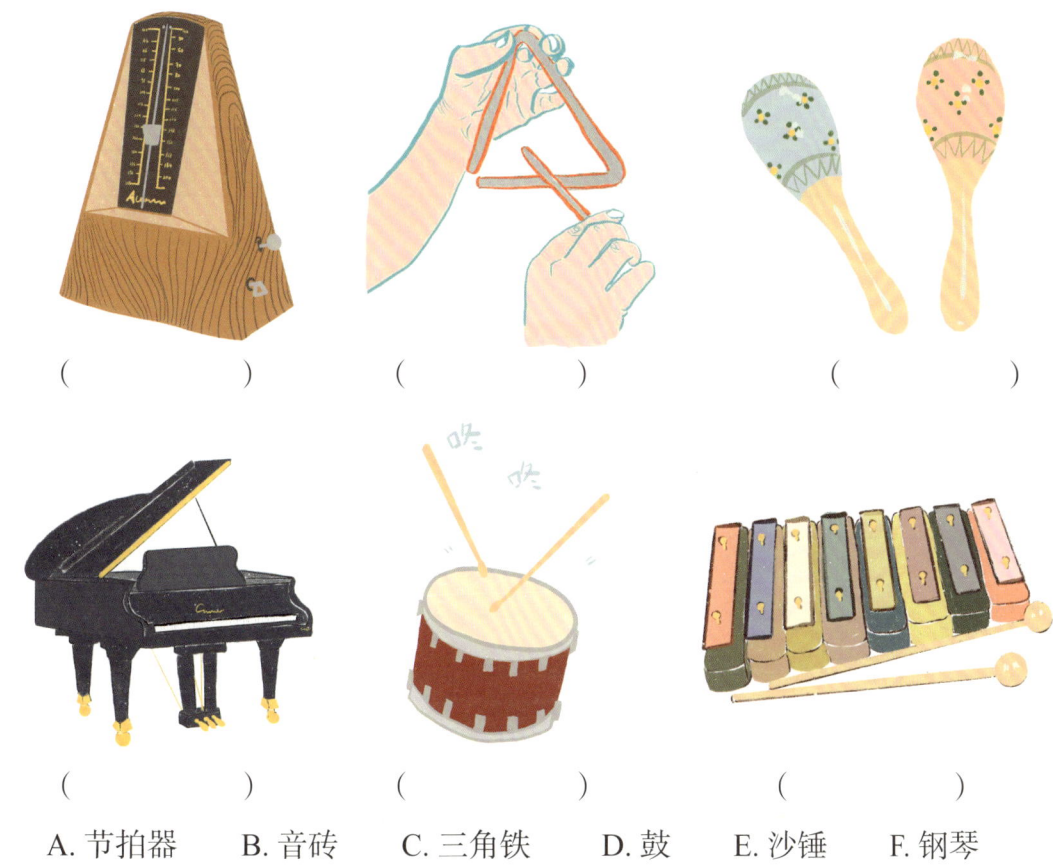

(　　)　　　　(　　)　　　　(　　)

(　　)　　　　(　　)　　　　(　　)

A. 节拍器　　B. 音砖　　C. 三角铁　　D. 鼓　　E. 沙锤　　F. 钢琴

3. 你能在节拍器上找到音乐表情术语 Adagio、Allegro、Andante 对应的速度吗？请你将节拍器调到其中的一个速度，与爸爸妈妈一起走一走。在这个过程中，你可以在 Forte、Mezzo forte、Mezzo piano、Piano、Accent、Cantabile、Crescendo、Diminuendo 中选择一个或多个音乐表情术语加入。

4. 巴赫、海顿、莫扎特是什么时期的作曲家？

5. 你最近听了巴赫、海顿、莫扎特的哪些作品？

6. 请你画一画 c^1、d^1、e^1、f^1、g^1、a^1、b^1 音（用全音符表示）。

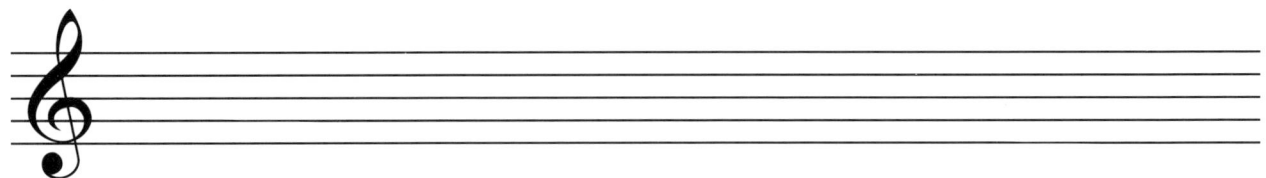

7. 请你画一画 c^1、d^1、e^1、f^1、g^1、a^1、b^1 音（用二分音符表示）。

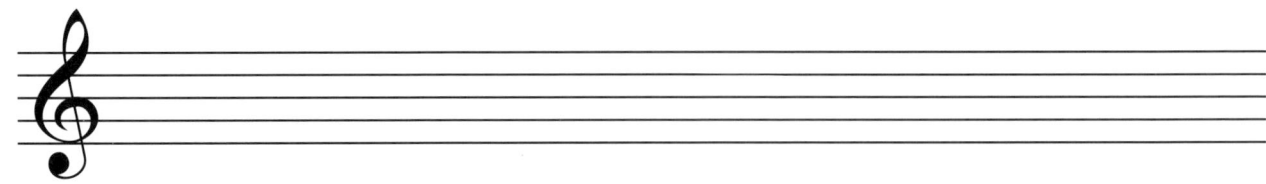

8. 请你画一画 c^1、d^1、e^1、f^1、g^1、a^1、b^1 音（用四分音符表示）。

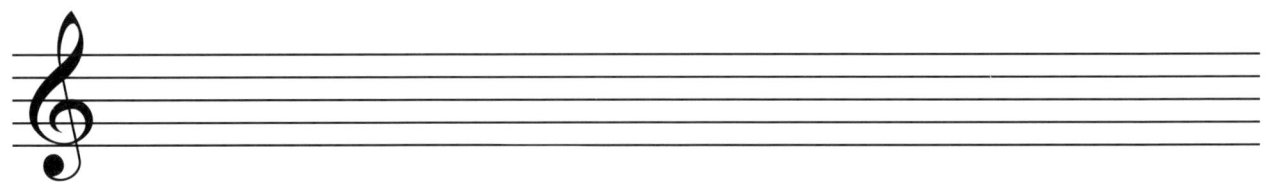

9. 请你和爸爸妈妈一起在高音谱表上创作一条旋律（用全音符表示），并标明音乐表情术语，完成后演唱一遍。

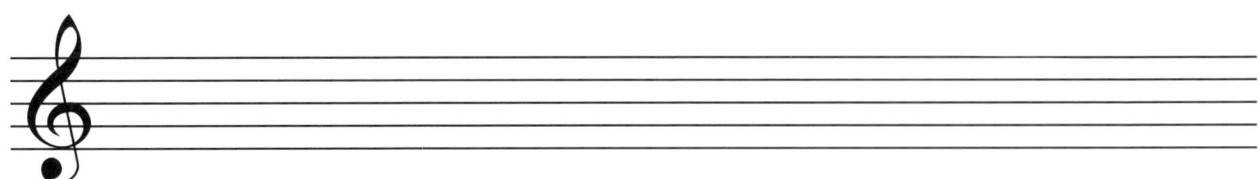

10. 弦乐四重奏与钢琴三重奏分别由哪些乐器组成？

第 13 课

1. 音乐表情术语 Staccato 是什么意思？请你用 Staccato 的感觉模仿一下小青蛙跳步。

2. 请爸爸妈妈演唱一首自己喜欢的歌曲（加入渐强、渐弱的音乐表情记号），再请你跟随爸爸妈妈的渐强、渐弱处理练习吹气。

3. 低音谱号从哪个字母变化而来？生活中你能听到哪些低音？请你试着在五线谱上画一画低音谱号。

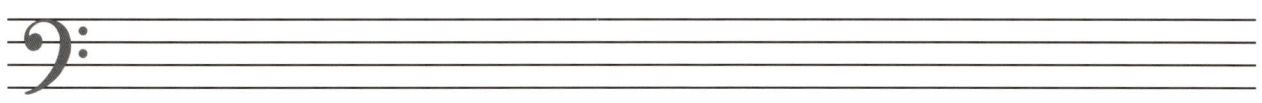

4. 高音谱表上的 c^1 音在低音谱表上应该画在哪里？

5. 两个二分音符等于几个四分音符？请你在天平的另一端填上答案。

6. 两个全音符等于几个二分音符？请你在天平的另一端填上答案。

7. 请你选择喜欢的表情术语和爸爸妈妈一起演唱下列曲谱。

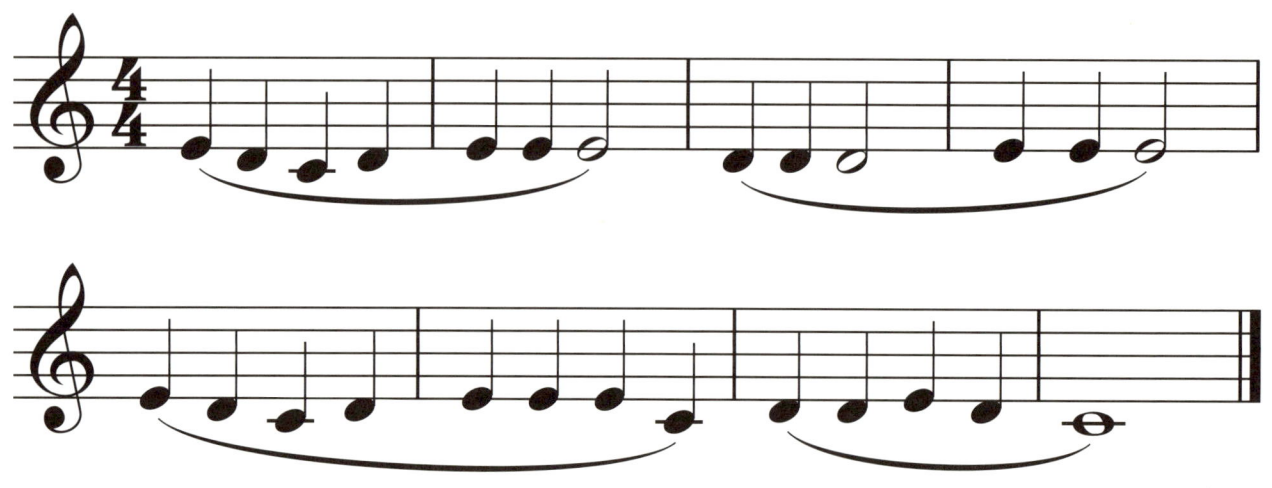

8. 请你每天进行手臂肌肉放松练习。

第 14 课

1. 无声的音乐用什么记号表示？

2. 请你将左、右两列中对应的音乐表情记号及术语用直线连接起来。

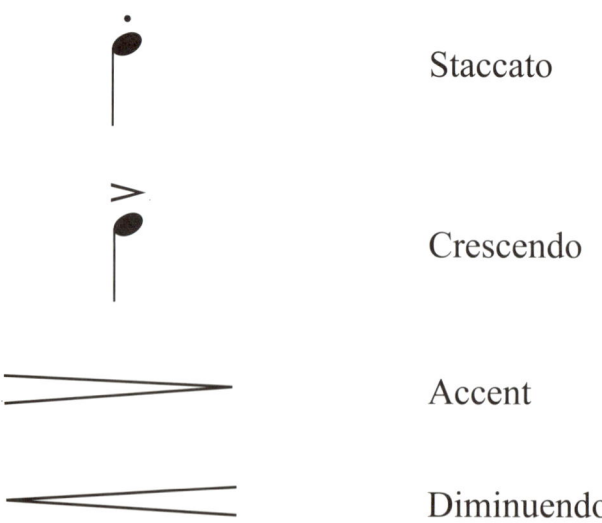

3. 请你和爸爸妈妈一起欣赏海顿、巴赫、莫扎特的音乐作品，关注音乐中的各类音乐表情记号和休止符，感受音乐所要表达的故事情景。

4. 你还记得高音谱号和低音谱号分别由什么字母变化而来吗？

5. 请你画一画 b 音（低音谱表上加一间）。

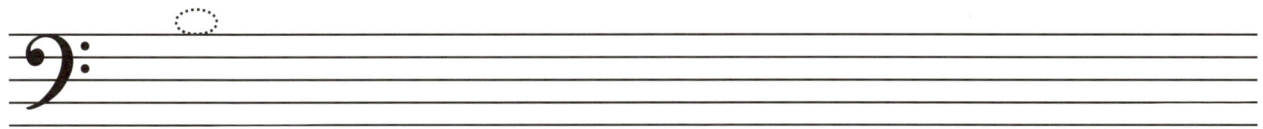

6. 请你和爸爸妈妈一起用二分音符和四分音符在五线谱上创作一条三小节长度的旋律，并演唱。创作要求：$\frac{2}{4}$ 拍，音域为高音谱表 c^1—b^1，须使用合理的音乐表情术语。

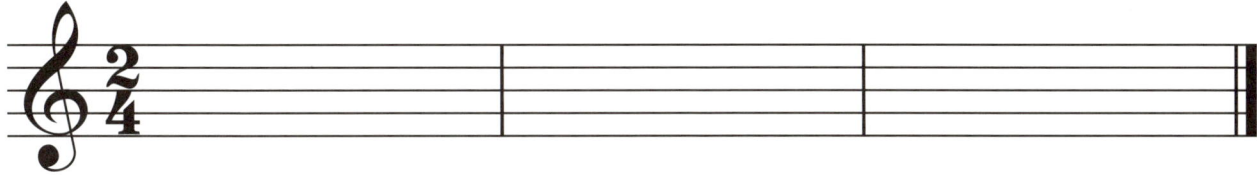

7. 请你每天进行侧平举、前平举手臂肌肉放松练习。

第 15 课

1. 音乐表情术语 Ritenuto 是什么意思？请你和爸爸妈妈一起大声念一念这个术语。

2. 音乐表情术语 A tempo 是什么意思？请你和爸爸妈妈一起大声念一念这个术语。

3. 请爸爸妈妈选择一个速度拍八下手，前四下速度均匀，后四下做 Ritenuto，然后请你找到开始时的速度。

4. 你能在节拍器上找到 Adagio、Allegro、Andante 所对应的速度吗？请你将节拍器调到其中一个速度，与爸爸妈妈一起走一走。在这个过程中，你可以在 Forte、Mezzo forte、Mezzo piano、Piano、Accent、Cantabile、Crescendo、Diminuendo、Staccato 中选择一个或多个音乐表情术语加入。

5. 下图哪位作曲家？他是哪个时期的作曲家？他来自哪个国家？

6. 请你画一画 a 音（低音谱表第五线）。

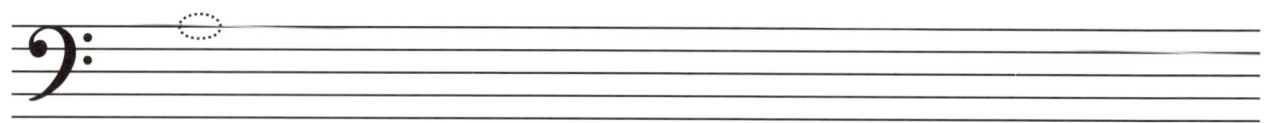

7. 请你演唱下列旋律。

8. 请你每天进行侧平举、前平举手臂肌肉放松练习和指根运动。

第 16 课

1. 音乐表情术语 Moderato 是什么意思？它与 Allegro、Andante 有什么区别？

2. 请你把下列速度术语所对应的选项，按照从慢到快的顺序填入括号中，并和爸爸妈妈一起在节拍器上找到这些术语，跟着它们的速度拍一拍或走一走，比一比谁做得更准确。

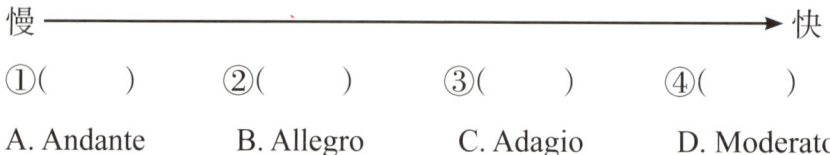

慢 ——————————————————→ 快

①(　　)　　②(　　)　　③(　　)　　④(　　)

A. Andante　　B. Allegro　　C. Adagio　　D. Moderato

3. 你还记得音乐表情术语 Ritenuto 与 A tempo 的意思吗？你曾在什么情况下听到过 Ritenuto 的声音？

4. 你最近听了贝多芬的哪些作品？你还记得有关贝多芬的故事吗？他是个怎样的人？

5. 一个四分音符等于几个八个音符？请你在天平的另一端填上答案。

6. 请你画一画 g 音（低音谱表第四间）。

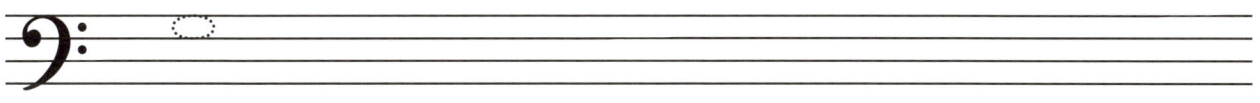

7. 请你演唱下面的旋律。

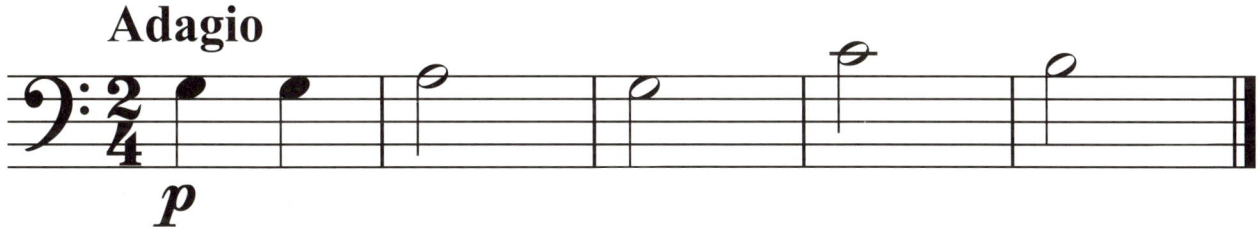

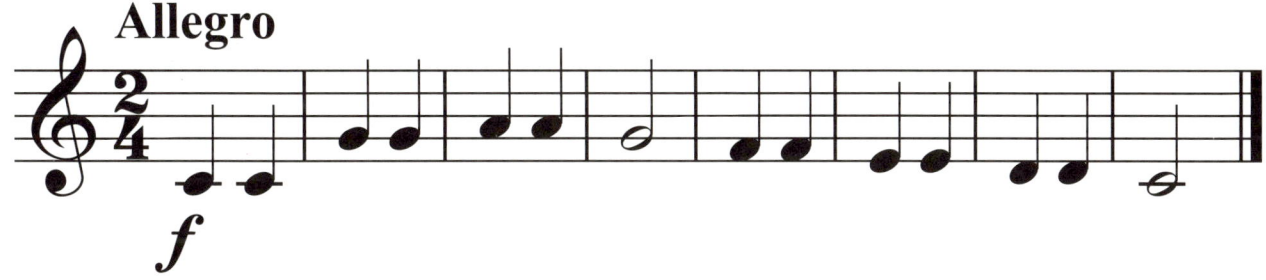

8. 请你每天复习前平举、侧平举手臂肌肉放松练习和腕部放松练习。

第 17 课

1. 请你在右列中找到与左列的音乐表情术语相对应的中文含义,并用直线将两者连接起来。

    Moderato   渐快

    Accelerando   渐慢

    Ritenuto   回原速

    A tempo   中速

2. Accelerando 是什么意思?与它意思相反的音乐术语是什么?请你和爸爸妈妈一起大声念一念这个音乐表情术语。

3. 爸爸妈妈选择一个速度拍八下手,其中前四下速度均匀后四下做 Accelerando,请你找到开始时的速度。

4. 请你把以下三种音乐作品形式所对应的选项,填入图片下方的括号内。

  ( )   ( )   ( )

   A. 弦乐四重奏 B. 歌剧 C. 交响乐

5. 请你和爸爸妈妈一起欣赏海顿、贝多芬、莫扎特的音乐作品,关注音乐中的各类音乐表情术语和休止符,感受音乐所要表达的故事情景。

6. 请你画一画 f 音（低音谱表第四线）。

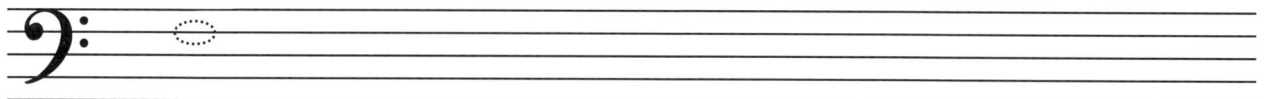

7. 请你演唱下面的旋律。

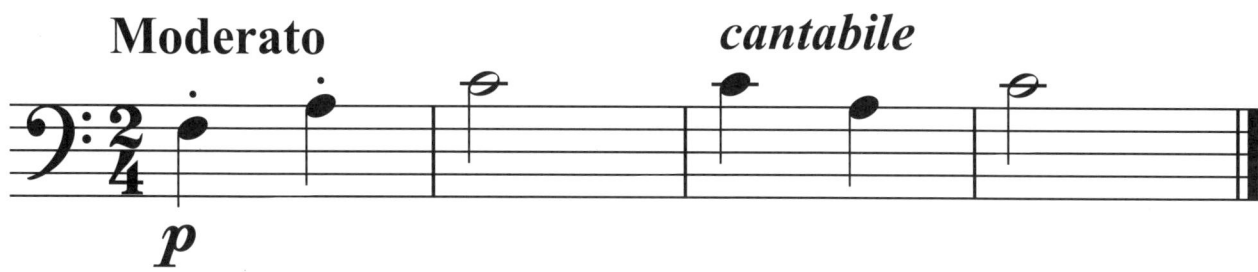

8. 请你和爸爸妈妈在高音谱表上创作一条三小节长度的旋律（用二分音符和四分音符表示），并演唱。创作要求：$\frac{2}{4}$ 拍，音域为高音谱表 $c^1—b^1$，须使用合理的音乐表情术语。

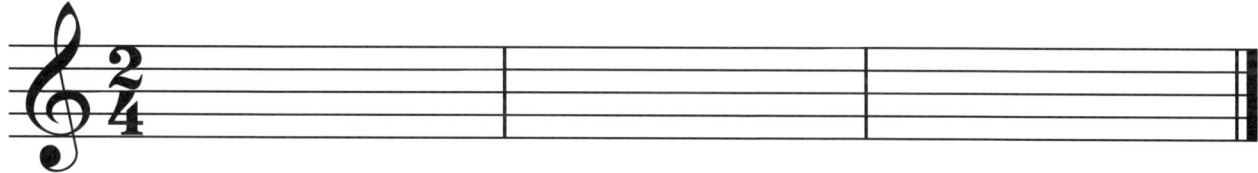

9. 请你每天复习前平举、侧平举手臂肌肉放松练习和腕部放松练习。

第 19 课

1. 请你在括号中填入一个音符（c^1音）。填完后,请你大声念出完整的节奏,注意节拍上方的音乐表情术语。

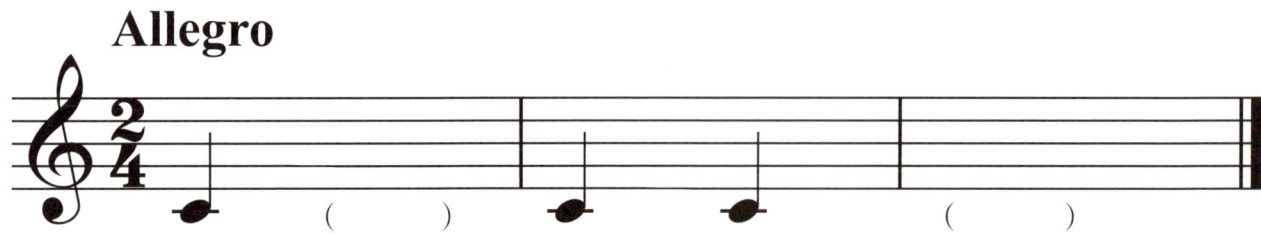

2. 在西方音乐发展过程中,古典主义时期之后是什么时期?哪位作曲家被誉为"钢琴诗人"?他来自哪个国家?你最近听了这位作曲家的哪首作品?

3. 无声的音乐用什么记号表示?请你在五线谱上画一画全休止符(全休止符必须紧贴五线谱中的第四线)。

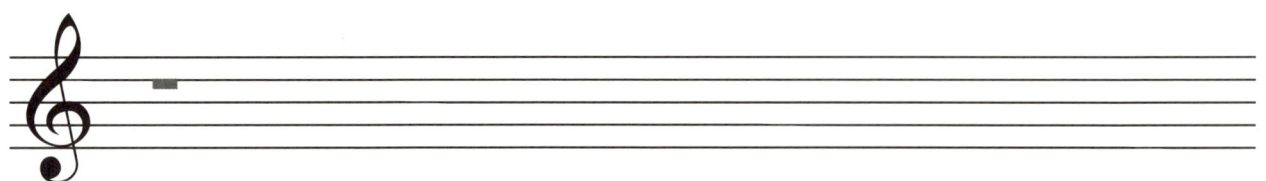

4. 请你和爸爸妈妈一起演唱下面的双声部旋律(你演唱第一声部,爸爸妈妈演唱第二声部)。

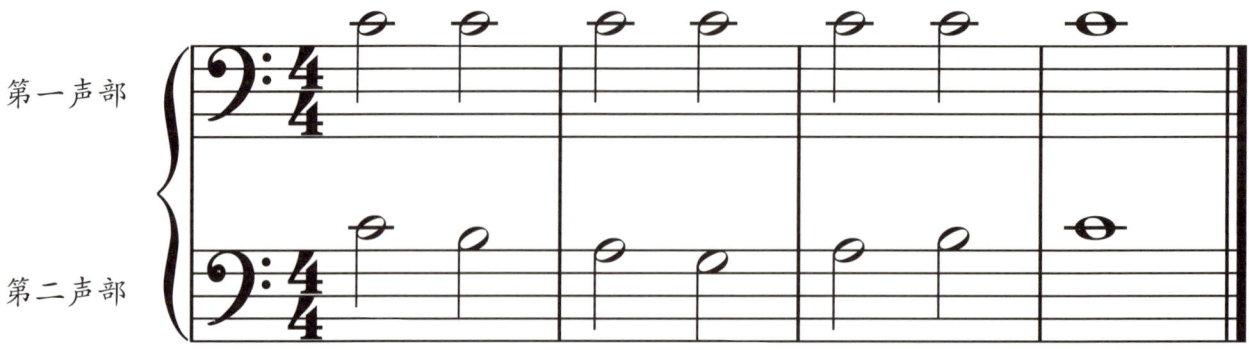

5. 请你演唱下面的旋律。

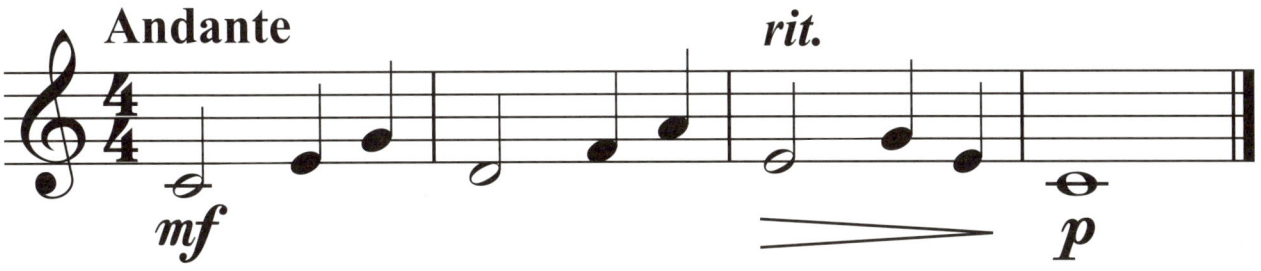

6. 请你画一画 e 音（低音谱表第三间）。

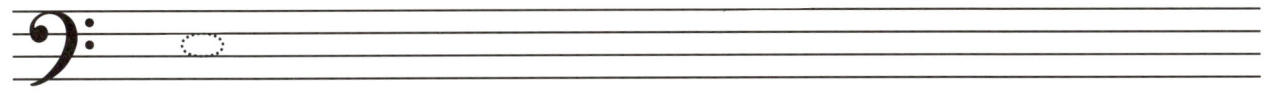

7. 请你画一画 c^1、d^1、e^1、f^1、g^1、a^1、b^1 音（用八分音符表示）。

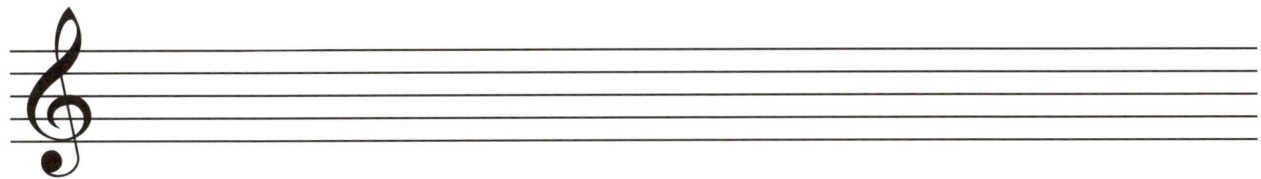

8. 请你画一画 c^1、b、a、g、f、e 音（用八分音符表示）。

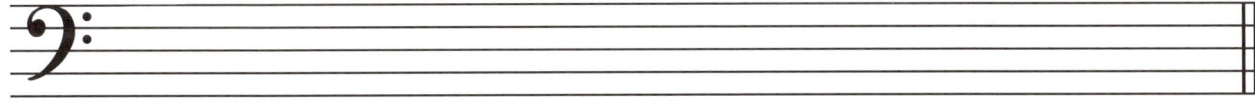

9. 请你每天复习指根运动，前平举、侧平举手臂肌肉放松练习和腕部放松练习。

第 19 课

1. 小步舞曲一般是几拍子？它有什么特点？

2. 音乐表情术语 Allegretto 是什么意思？它和 Allegro 有什么区别？

3. 表示比 *p* 轻的音乐表情术语是什么？你在生活中有听到过这么弱的声音吗？

4. 请用连线的方式将下列作曲家的肖像图片与其名字、所处时期一一对应。

海顿　　　　浪漫主义时期

巴赫　　　　巴洛克时期

肖邦　　　　古典主义时期

5. 什么是圆舞曲？它有哪些特点？

6. 什么是前奏曲？

7. 请你演唱下面的旋律。

8. 请你画一画二分休止符(二分休止符必须紧贴五线谱中的第三线)。

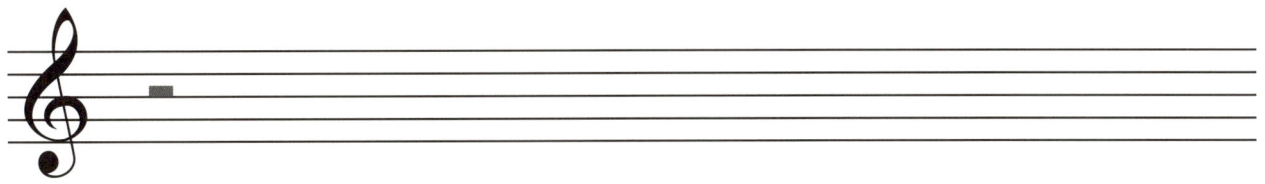

9. 请你画一画全休止符,并观察它与二分休止符有什么区别。

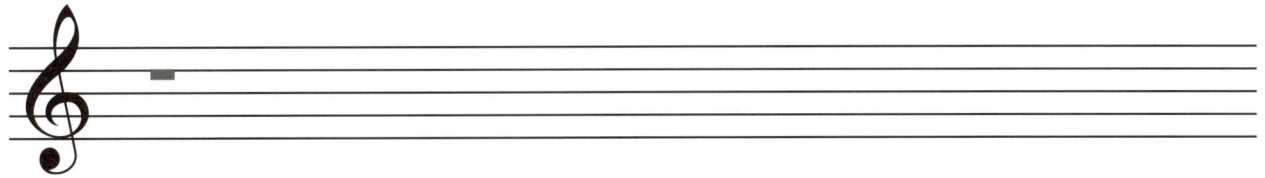

10. 请你每天复习指根运动,前平举、侧平举手臂肌肉放松练习和腕部放松练习。

第 20 课

1. Fortissimo(*ff*)表示怎样的声音力度?你觉得什么动物吼起来是这样力度的声音?

2. 下图中的音乐阶梯由弱到强排列,请你在括号中填入正确的声音力度。

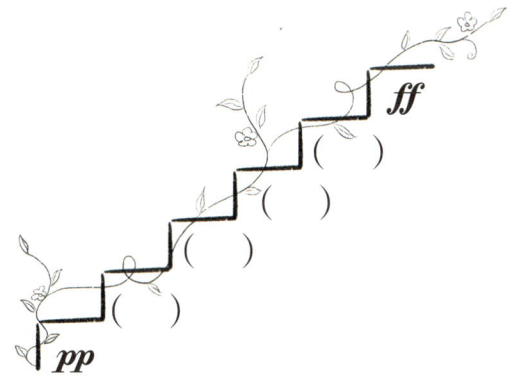

3. 请你和爸爸妈妈一起感受下,当你们很着急的时候会用什么速度走路?表示这个速度的音乐表情术语是什么?你可以在节拍器上找到这个速度吗?请和爸爸妈妈一起跟着这个速度走一走。

4. 请你把下列速度术语所对应的选项,按照从慢到快的顺序填入括号中,并和爸爸妈妈一起在节拍器上找到这些术语,跟着它们的速度拍一拍或走一走,比一比谁做得更准确。

慢 ———————————————————————————————→ 快
①(　　) ②(　　) ③(　　) ④(　　) ⑤(　　) ⑥(　　)

A. Allegro　　B. Moderato　　C. Adagio　　D. Andante　　E. Allegretto　　F. Presto

5. 你最近听了哪些作曲家的作品?你觉得这些作品表达了怎样的情绪情感?

6. 请你画一画 d 音(低音谱表第三线)。

7. 请你和爸爸妈妈一起在高音谱表上创作一条旋律,并加上合理的音乐表情术语。

8. 请你和爸爸妈妈一起在低音谱表上创作一条旋律,并加上合理的音乐表情术语。

9. 请你每天复习掌部肌肉控制练习,指根运动,前平举、侧平举手臂肌肉放松练习和腕部放松练习。

第 21 课

1. 请你画一画 c 音。

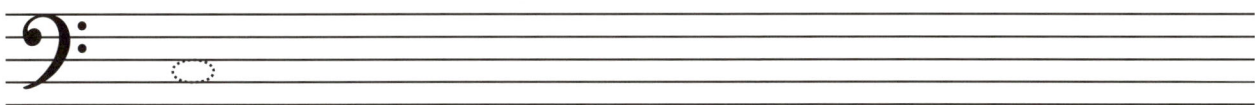

2. 请你画一画四分休止符,并思考一个二分休止符等于几个四分休止符。

3. 请你在括号中填入休止符。填完后,请你完整地念出节奏,注意休止的地方不能发出声音。

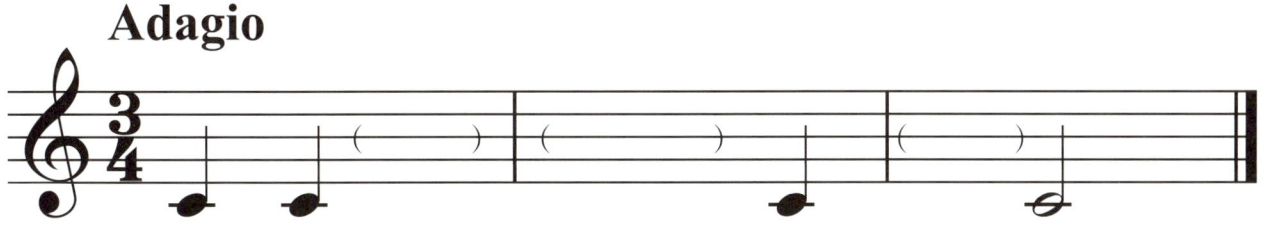

4. 你最近听了哪些作曲家的作品?你最喜欢谁的作品?你觉得这些作品表达了怎样的情绪和情感?

5. 请你和爸爸妈妈一起欣赏圣–桑的《动物狂欢节》,并思考音乐中有哪些关于动物的主题。

6. 请你和爸爸妈妈一起演唱下面的二声部旋律（按照相应的声部要求演唱）。

旋律一

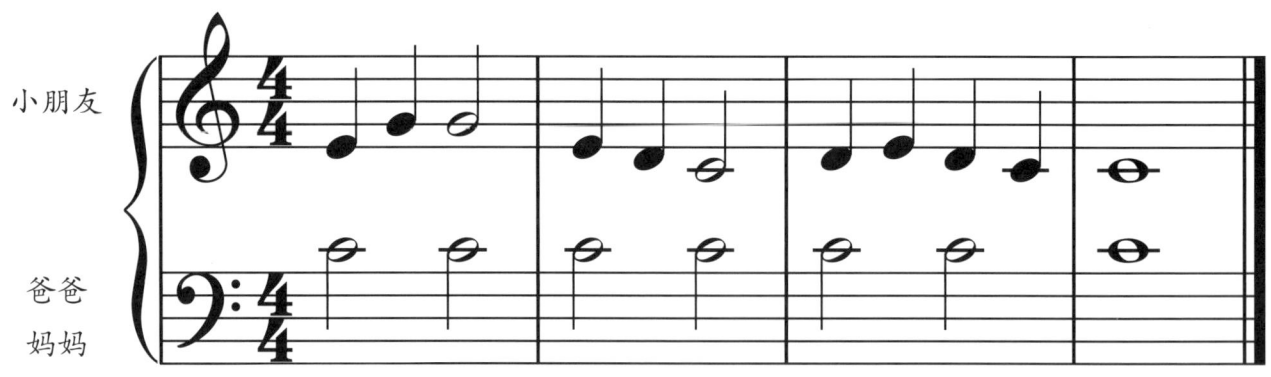

旋律二

7. 请你和爸爸妈妈一起在高音谱表上创作一条旋律，并加上合理的音乐表情术语。

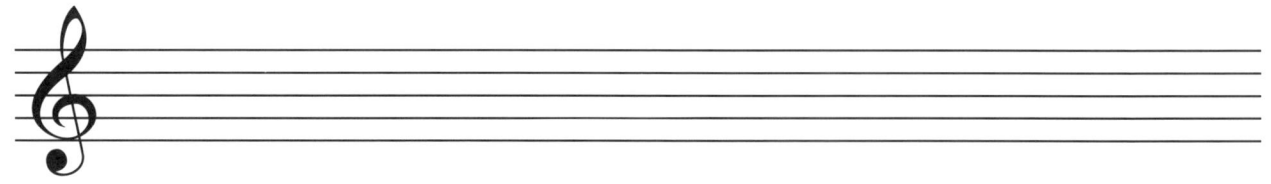

8. 请你每天进行手掌支撑动作练习，掌部肌肉控制练习，指根运动，前平举、侧平举手臂肌肉放松练习和腕部放松练习。

第 22 课

1. 下图是几分休止符？请你试着画一画。

2. 请你根据提示在天平上填入正确的音符，使等式成立。

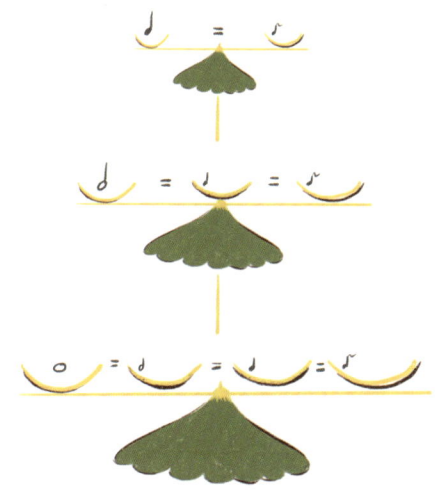

3. 在圣－桑的《动物狂欢节》中你听到了哪些有关动物的主题？其中，第一首和第二首的速度有什么差异？

4. 作曲家圣－桑来自哪个国家？他是什么时期的作曲家？与他同时期的作曲家还有谁？

5. 请你和爸爸妈妈一起演唱下面的二声部旋律（可互相交换声部演唱）。

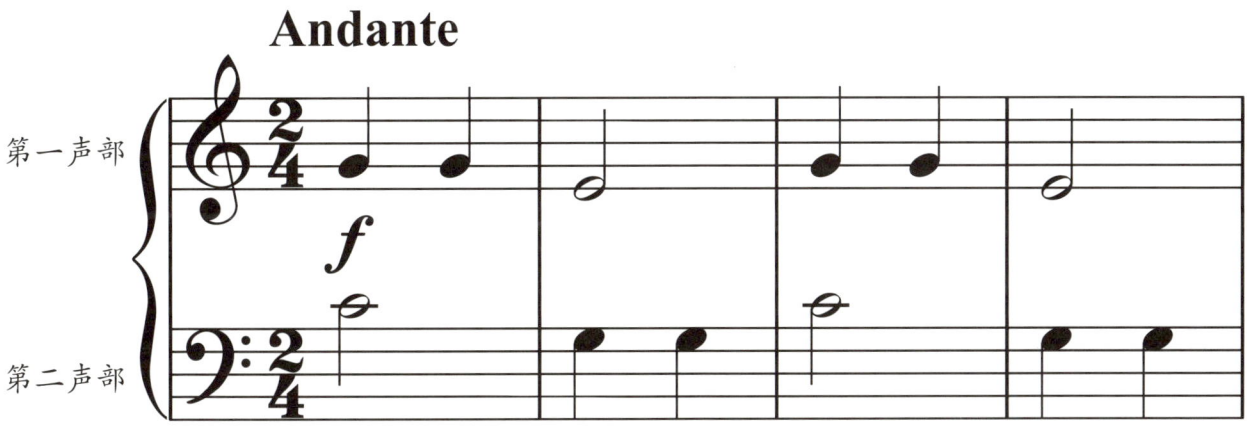

6. 请你和爸爸妈妈一起在高音谱表上创作一条旋律,并加上合理的音乐表情术语。

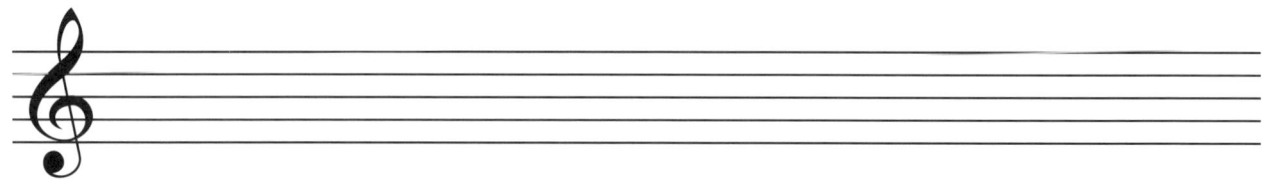

7. 请你和爸爸妈妈一起在低音谱表上创作一条旋律,并加上合理的音乐表情术语。

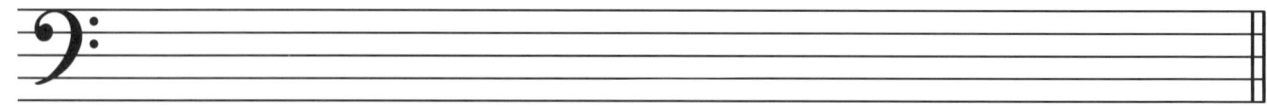

8. 请你每天进行手掌支撑动作练习,掌部肌肉控制练习,指根运动,前平举、侧平举手臂肌肉放松练习和腕部放松练习。

第 23-24 课

1. 请在以下谱例中加入你想要的速度和音乐表情术语，并和爸爸妈妈一起大声演唱。

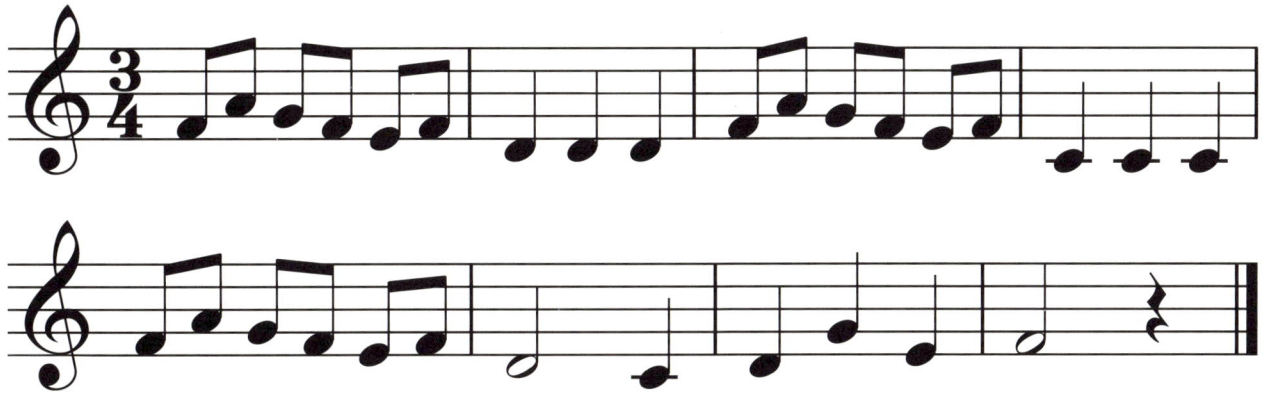

2. 请你和爸爸妈妈一起在下列音乐表情术语中选择一组（每列至少一个），并将它们运用到喜欢的歌曲中大声演唱。

Presto	二拍子	Cantabile	*pp*
Allegro	三拍子	Accent	*p*
Allegretto		Staccato	*mp*
Moderato		Crescendo	*mf*
Andante		Diminuendo	*f*
Adagio			*ff*

3. 请你为爸爸妈妈介绍下图的几位作曲家。

4. 请爸爸妈妈依次播放参考曲目单中的作品,再由你对作品、作曲家进行分辨。

5. 请你在高音谱表上为下图创作一条与它相对应的旋律,并加上合理的音乐表情术语。

6. 请你在下面的画框中作画,并在低音谱表上创作一条与画相对应的旋律,加上合理的音乐表情术语。

7. 请你根据提示在天平上填入正确的休止符,使等式成立。

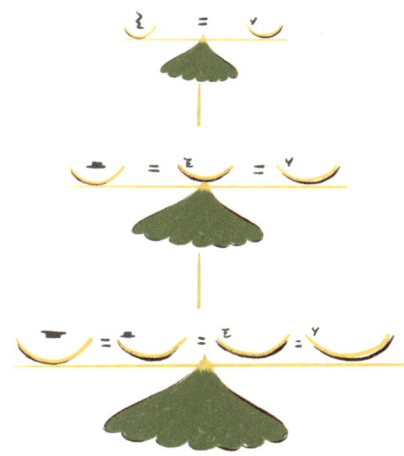

8. 请你念一念以下节奏,并和爸爸妈妈一起猜一猜这是哪首童谣的节奏。

Allegro

9. 请爸爸妈妈在空中匀速地画圈,你跟着爸爸妈妈画圈的幅度做深呼吸。

10. 请你和爸爸妈妈一起挑选一首古典音乐作品,仔细聆听作品中的声音变化,并随着声音的渐强、渐弱进行吸气和吐气。

11. 请你每天进行手掌支撑动作练习,掌部肌肉控制练习,指根运动,前平举、侧平举手臂肌肉放松练习和腕部放松练习。

12. 我们之前学习过哪几种音乐表演形式?请你与爸爸妈妈一起选择一场感兴趣的音乐会欣赏。

13. 你现在对哪种乐器感兴趣?说说你的理由。